Investieren in Kryptowährungen

Der leichte Einstieg in den Handel mit Kryptowährungen. Digitale Währungen verstehen, aufbewahren und investieren.

Michael Schulz

Inhaltsverzeichnis

Was sind Kryptowährungen

Viele Leute hören vom Bitcoin oder digitalen Währungen und haben keine Idee, was sich dahinter verbirgt. Was sie jedoch wissen, ist, dass man damit Geld machen kann. Soweit, so gut. Wer aber will schon sein Geld irgendwo anlegen, wenn er keine Ahnung hat, wie diese Anlage funktioniert. Bevor man sein sauer verdientes Geld riskiert, will man doch wissen, wo es sich am Ende befindet, wie sicher die Anlage ist und wie sie sich entwickelt. Dafür ist es eben auch wichtig zu wissen, was die Anlage eigentlich ist und wie sie funktioniert. Das ist die Grundlage für alles Folgende. Das bringt also die Frage: Was sind Kryptowährungen?

Die Antwort auf diese Frage ist schnell gefunden. Man bemüht einfach Google und schnell wird einem erklärt, dass es sich dabei um elektronische Währungen handelt, die ohne Zentralbanken auskommen. Sie werden von Privatleuten erstellt und im Internet vertrieben. Na, verstanden? Kryptowährungen sind also Online-Monopoly-Geld. Selbst hergestellt macht man sich nicht mal die Mühe, das Fantasiegeld auf Papier zu drucken und handelt es einfach online. Und darin wollen Leute Geld investieren?

Zugegeben, das war jetzt ein wenig überspitzt formuliert, doch es trifft im Kern zu. Kryptowährungen sind kein offizielles Zahlungsmittel. Sie sind unbeaufsichtigt und privat. Nun kann man gleich aufhören, dieses Buch zu lesen und den Traum vom schnellen Geld vergessen oder man kann einer etwas tieferen Erklärung folgen.

Die Währung

Bevor man jetzt versucht, Kryptowährungen als solche zu verstehen, sollte man erst einmal unser heutiges Geld richtig kennenlernen. Es bieten sich einige interessante Parallelen.

Was haben Leute vor der Einführung der Kreditkarten benutzt und benutzen es auch heute noch häufig genug? Papiergeld. Das ist aber auch nur eine Fantasiewährung und genau genommen das Wertloseste, was es gibt. Damit teilt sich das Papiergeld eine zweifelhafte Ehre mit den Kryptowährungen. Daher sollte man noch weiter zurückgehen, wenn man Bitcoin und Co verstehen möchte.

Vor dem Papiergeld, wie es heute gehandelt wurde, gab es das mit dem Gold verbundene Papiergeld. Davor gab es Gold, Silber und Kupfer und davor den Tauschhandel. Fangen wir einfach dort an.

Am Anfang war die Menschheit nicht sehr hoch entwickelt. Es gab keinen Handel, nur familienartige Stämme. Diese lebten in ihren Dörfern und produzierten alles, was sie brauchten, selbst.

Bald war das aber nicht genug. Wanderer brachten Dinge aus anderen Regionen. Die waren sie bereit, für etwas Essen und eine Unterkunft herzugeben. Dieser kleine Handel wurde aber bald viel komplizierter.

Man wollte Waren tauschen. Wie aber tauscht man Waren, wenn man etwas anzubieten hat, das der andere nicht will? Soll man jetzt auf seinen Waren sitzen bleiben oder so lange suchen, bis man jemanden gefunden hat, der gleich zwei Bedingungen erfüllt? Er muss nämlich die eigene Ware wollen und gleichzeitig die Ware anbieten, die man selbst will. Das ist schwer und man hat eine Menge zu schleppen. Da ist es doch besser, den Wert der Ware anstatt der Ware herumzutragen. Damit war die Idee der Währung geboren.

Ein einfaches Beispiel hilft hier. Ein Bauer schlachtet ein Schwein und verkauft das Fleisch. Er bekommt dafür eine Währung, Geld. Dieses Geld repräsentiert den Wert des Fleisches. Damit kann er nun einen neuen Pflug kaufen, auch wenn der Hersteller des Pfluges kein Schweinefleisch mag oder es einfach im Moment nicht braucht. Er gibt ihm einfach den Wert in Geld.

Aus diesem Beispiel ergeben sich auch gleich einige der Eigenschaften, die das Geld haben muss. Erstens muss es selten genug sein. Es macht keinen Sinn, zum Beispiel das Laub der Bäume als Geld zu benutzen. Dieses Geld wäre so wertlos, dass man es säckeweise mit sich herumtragen müsste, um den Wert zum Beispiel von einem Schwein oder einem Pflug zu erhalten. In diesem Fall könnte der Bauer dann nämlich gleich das Schwein herumtragen.

Weiterhin muss die Währung begrenzt sein. Wäre die Währung das Laub der Bäume, wer würde denn da noch einer Arbeit nachgehen? Man würde das Laub einfach pflücken und hätte damit genug Geld, um sich alles zu kaufen, was man will. Naja, wenn man es in riesigen Säcken herumschleppte. Der Bauer und der Pflughersteller würden also keine Schweine züchten und Pflüge herstellen, sondern einfach Laub pflücken.

Kurz, die Währung muss wertvoll genug und begrenzt genug sein. Damit aber nicht genug. Die Währung muss auch akzeptiert werden. Würde man als Währung einen großen, gravierten Stein einsetzen, wer würde den schon haben wollen. Diese Währung würde nichts bringen. Der Pflughersteller würde dafür bestimmt keinen Pflug hergeben.

Was ist damals wie heute selten? Kupfer, Silber und Gold. Kupfer? Ja, Kupfer war sehr selten damals und empfahl sich damit als Währung. Aus diesen Metallen wurden diverse Formen von Zahlungsmitteln erstellt. Diese Zahlungsmittel konnten Münzen, Streifen, Barren oder andere Gebilde sein. Sehr oft wurde der Wert dieser Währung in das Geldstück graviert. Dabei wurde oft und gern betrogen. Es wurden auch verschiedene Münzeinheiten in verschiedenen Orten eingesetzt. Doch all das konnte die Akzeptanz des Zahlungsmittels als solches nicht verhindern. Geld war eben notwendig und schon allein deswegen musste es über die Betrüger triumphieren.

Mit der Industrialisierung wuchs der Bedarf an Geld und Rohstoffen wie Kupfer gewaltig an. Damit verbot es sich bald, Gold- oder Silbermünzen massenhaft im Umlauf zu haben. Daher wurden sie kurzerhand durch Papiergeld ersetzt. Hier muss man jedoch einen Moment innehalten. War es nicht die Aufgabe von Gold, Silber und in gewissem Maße auch Kupfer, selten zu sein und damit der Währung Gewicht zu verleihen? Wie kann Papiergeld das ersetzen?

Papier ist an sich das wertloseste Zahlungsmittel überhaupt. Wer das nicht glaubt, sollte einfach in den nächsten Computerladen gehen und Druckerpapier kaufen. Dort bekommt man Papier zu einem kleinen Preis gleich stapelweise. Der auf das Geld gedruckte Wert ändert absolut nichts daran.

Was man brauchte, war also ein Weg, diesem wertlosen Papier einen Wert zu geben. Nun konnte man einfach per Gesetz das Papiergeld für gültig und damit wertvoll erklären. Das mochte vielleicht sogar innerhalb des Landes funktionieren, aber das sah bei Importen und Exporten sofort ganz anders aus. Das war auch ein Hauptproblem für die DDR. Ihr Geld hatte einen gesetzlich erklärten, innerhalb des Landes geltenden, aber völlig unrealistischen Wert und war daher im Ausland praktisch wertlos, zumindest im westlichen Ausland. Im Grunde genommen waren die Geldscheine der DDR Bezugsscheine, aber keine handelbare Währung.

Wie kann man also dieses gesetzlich erklärte, wertlose Papiergeld in ein wertvolles Zahlungsmittel umwandeln? Das gelang damals mit einem sehr cleveren Schachzug. Man verband den Wert des Papiergeldes mit dem Wert von Gold. Der Goldstandard war geboren. Die Zentralbanken konnten damit so viel Papiergeld ausgeben, wie es dem Wert des dort gelagerten Goldes entsprach. Damit konnte man sein Geld immer und in jeder Bank direkt in Gold umwandeln. Natürlich tat das niemand, denn Papiergeld ist einfacher mit sich zu führen als ein Stapel Gold. Dennoch war es diese Möglichkeit, die dem wertlosen Papier einen Wert von Geld gab.

Dummerweise konnten sich die Staaten diese Goldpreisbindung bald nicht mehr leisten. Nach ein paar Kriegen mit den verbundenen Milliardenausgaben musste ganz einfach mehr Geld her. Also kippte man die Bindung des Papiergeldes an Gold und schon konnte man das Geld gleich haufenweise drucken.

Erinnern wir uns daran, was geschieht, wenn ein Zahlungsmittel haufenweise zur Verfügung steht, wie – sagen wir – das Laub der Bäume? Ja, man muss es haufenweise mit sich herumtragen. Schon mal was von der großen Inflation in Deutschland in den 1920ern gehört? Richtig, die Leute trugen das Geld in Wäschekörben nach Hause. Warum? Deutschland hatte hohe Reparationsleistungen zu zahlen und druckte fleißig wertloses Papiergeld ohne Goldbindung. So geht es also nicht.

Als die Goldbindung schwand, mussten andere Mittel gefunden werden, den Wert des Geldes zu garantieren. Das geschah eben mit den Zentralbanken, die als einzige Geld drucken durften. Diese behielten damit die Oberaufsicht über die Währung und können dabei deren Wert bestimmen, indem sie mehr Geld drucken oder etwas davon wieder vom Markt nehmen. Damit hat sich das an sich wertlose Fantasiegebilde Papiergeld durchgesetzt.

Kryptowährungen

Was hat das mit Kryptowährungen zu tun? Wie das Papiergeld, so sind auch die Kryptowährungen einfach nur ein Fantasiegebilde, das in der Realität umgesetzt wurde. Wie auch das Papiergeld, so müssen auch die Kryptowährungen elementaren Regeln folgen.

Als Erstes muss eine Kryptowährung selten und begrenzt sein. Dies hält den Wert der Währung hoch beziehungsweise gibt ihr überhaupt erst einmal einen Wert. Ist die Währung in ihrer Erstellung begrenzt, dann bleibt sie damit auch selten. Die Begrenzung ist im Internet sehr viel schwerer zu erreichen als in der echten Welt.

Als Gold und Silber war es einfach, die Menge der Währung zu begrenzen. Nicht nur waren diese Metalle selbst sehr selten, man musste sie auch mit schwerer Arbeit fördern. Dies war ein langsamer und anstrengender, oft auch noch gefährlicher Prozess. Das wiederum trug noch einmal erheblich zur Begrenzung dieser Währung bei. Es wurde zwar versucht, die Währungen zu strecken, indem man Gold- und Silbermünzen mit Anteilen anderer Metalle herstellte, doch wurden diese Währungen sehr schnell abgewertet.

Das erste Papiergeld war gleich zweierlei begrenzt. Als Erstes war es gegenüber berechtigter Vermehrung begrenzt, indem der Wert der Papierscheine an den Wert des Goldes gebunden wurde. Es war einer Zentralbank nicht erlaubt, mehr Wert auf Papier zu drucken, als die Goldreserven hergaben. Als Zweites war die Währung gegen eine unerlaubte Vermehrung gesichert. Die Verwendung von besonderem Papier, Wasserzeichen und anderen Mitteln auf jedem Geldschein verhinderten ein einfaches Kopieren und damit unbegrenztes Vermehren durch jedermann.

Das heute Papiergeld benutzt noch immer die gleichen Vorsichtsmaßnahmen gegen unbefugtes Vermehren in Form von Falschgeld. Es sind aber nur noch Gesetze und Regulierungen der Zentralbanken, die ein erlaubtes Vermehren begrenzen. Dies geschieht vor allem im Hinblick auf die wirtschaftliche Stabilität des Landes. Damit ist es ein Eigeninteresse der Zentralbanken und der sie kontrollierenden Staaten, das Geld nicht willkürlich und unbegrenzt zu vermehren.

Wie aber sieht das mit den Bitcoins und den anderen Kryptowährungen aus? Hier gibt es keine Regulierung durch eine

Zentralbank. Die Kryptowährungen werben regelrecht damit, dass die Macht jetzt bei den Leuten liegt und nicht bei den Banken. Es gibt keine Wasserzeichen und keine Goldbindung. Was also verhindert nun eine erlaubte Vermehrung oder ein unerlaubtes Kopieren? Fangen wir mit der Sicherheit gegen unerlaubtes Kopieren an, denn die dabei involvierten Prozesse laufen auch bei der erlaubten Erstellung der Währung ab.

Wer schon einmal einen Computer oder ein Smartphone benutzt hat, weiß, wie einfach es ist, eine Datei zu erstellen und zu kopieren. Letzteres kann man beliebig oft auf verschiedenen Geräten, auf gleichen Geräten, unterschiedlichen Datenträgern und selbst auf der gleichen Festplatte wiederholen. Für die Kryptowährungen muss das aber verhindert werden, denn sonst kann man einfach eine Gelddatei beliebig oft kopieren und schon ist man Millionär oder gar Milliardär. Das Mittel dafür ist eine Blockchain. Dabei handelt es sich um eine zentrale oder dezentrale Datenbank. Diese erfasst den Transfer der Währung auch noch für den kleinsten Teil davon. Damit kann man nicht einfach ein neues Stück Währung einfach so in das System einbringen.

Ein anderes Phänomen, das bei Kryptowährungen denkbar ist, ist das gleiche Geld mehr als einmal als Zahlungsmittel zu verwenden. Man kauft also mit seinem Bitcoin etwas und transferiert diesen dabei. Gleichzeitig behält man ihn aber zurück und verwendet ihn gleich erneut. Das ist etwas anderes als Kopieren, hat aber im Grunde genommen den gleichen Effekt. Hier schützt ein Smart Contract. Dieser reguliert die Transaktionen der Währung und stellt damit sicher, dass niemand den anderen mit minderwertigen elektronischen Münzen betrügt oder diese doppelt ausgeben kann.

Diese Schaltungen, Smart Contract und Blockchain, begrenzen die Währung gegen eine unerlaubte Vermehrung. Dazu kommt noch das Erstellen der Währung. Diese kann nicht einfach so geschehen, sondern komplizierte und absichtlich sehr viel schwerer als normal ablaufende Prozesse sind dazu nötig. Das macht die Währung von Beginn an selten und begrenzt ihre erlaubte Vermehrung.

Nun kann man mit ein wenig Kenntnissen im Programmieren ein paar Protokolle schreiben, diese vielleicht auch noch begrenzen und trotzdem hat man keine Währung. Anders ausgedrückt, es nützt nichts, einen Geldschein zu entwerfen und zu drucken. Das macht ganz einfach noch kein Geld daraus. Was noch fehlt ist die Akzeptanz.

Die Menschen vor ganz langer Zeit akzeptierten das Gold-, Silber- und Kupfergeld ganz einfach, weil es eine Notwendigkeit darstellte und diese Metalle gewisse Grundeigenschaften aufwiesen. Spätere Generationen haben einfach von ihren Eltern gelernt, dass das Geld ist und es ebenso akzeptiert.

Das erste Papiergeld wurde akzeptiert, weil es nach dem Goldstandard einfach an den Wert des Goldes gebunden war. Wiederum haben dann die folgenden Generationen das Papiergeld einfach aus Gewohnheit weiter akzeptiert, selbst nachdem es vom Gold entkoppelt war. Es mag gewisse Ausnahmen gegeben haben, wenn bestimmte Währungen einfach mit lächerlichen Preisen reguliert wurden, doch das System blieb im Grunde genommen das gleiche. Wird eine Währung akzeptiert, kann man mit ihr andere Arten von Geld oder Waren und Dienstleistungen kaufen, dann ist es eben Geld.

Ohne diese Akzeptanz ist es einfach nichts.

Der Beginn der Kryptowährungen liegt im Bitcoin. Der Bitcoin selbst ist komplett transparent, dennoch ist sein Ursprung ebenso nebulös wie der Beginn seiner Akzeptanz. Heute jedoch haben sich genug Leute daran gewöhnt, um ihn zu akzeptieren. Das zeigen sie auf zwei Arten. Erstens handeln sie ihn. Das bedeutet, dass Käufer vorhandene Währungen wie Dollar und Euro darauf verwenden, den Bitcoin zu kaufen und dass es Verkäufer gibt, die ihn für diese Währungen anbieten. Zweitens gibt es bereits Anbieter von Waren und Dienstleitungen, die den Bitcoin als Zahlungsmittel akzeptieren. Damit wurde dem Bitcoin und anderen Kryptowährungen ein Wert verliehen und sie sind tatsächlich in den Stand von Währungen aufgestiegen.

Kryptowährungen folgen damit dem Weg des Papiergeldes. Sie begannen als Fantasiegebilde. Sie sind selten, denn man kann sie nicht einfach überall auf der Straße oder im Internet finden. Sie sind begrenzt, denn man kann sie nur einmal ausgeben und nicht endlos kopieren oder generieren. Sie sind akzeptiert, denn man kann sie zumindest bei einigen Anbietern als Zahlungsmittel einsetzen und man kann sie handeln. Sie haben sich zu einer echten Währung entwickelt. Anders als das Papiergeld sind sie jedoch nicht als Geldschein transferierbar, sondern werden nur online bewegt.

Nun unterliegen die Kryptowährungen jedoch auch der Kritik. Manch einer spricht ihnen sogar die Qualität als Währung ab. Dafür werden die fehlende Aufsicht, fehlende gesetzliche Regelungen und auch die fehlende Akzeptanz in vielen Geschäften angeführt. Diese Argumente sind jedoch grundfalsch und verkennen das Wesen der

Währung. Wie schon angeführt, haben der Bitcoin und andere Kryptowährungen die Eigenschaften von echtem Geld, denn sie sind selten, begrenzt und akzeptiert. Doch man kann das Ganze auch einmal von der anderen Seite anschauen.

Man nehme einfach die Währung eines Landes und vergleiche diese mit einer Kryptowährung, dann werden die Fehler der Gegenargumente schnell deutlich. Vergleichen wir doch einfach den Bitcoin mit dem kambodschanischen Riel.

Den Anfang macht der Punkt Akzeptanz. Kambodscha ist ein kleines Land in Asien. Die gesetzliche Währung dort ist der Riel. Dieser wird, neben dem Dollar und dem Euro, allgemein als Zahlungsmittel akzeptiert. Zweifelt irgendwer an dem Riel als Währung, nur weil die Händler auch Dollar beziehungsweise Euro akzeptieren? Nein, wohl kaum. Findet man außerhalb von Kambodscha Händler, die den kambodschanischen Riel akzeptieren? Nein, wohl kaum. Das bedeutet, dass die allermeisten Geschäfte in dieser Welt, nämlich überall außerhalb von Kambodscha, den Riel nicht akzeptieren. Dennoch zweifelt niemand den Riel als Währung an.

Der Riel untersteht der Aufsicht der kambodschanischen Regierung. Diese aber ist nur eine Gruppe von Menschen. Auch wenn sie gewählt wurden, sind es doch Menschen, die diese Aufsicht ausführen und sie tun dies in Vertretung des gesamten Volkes. Der Bitcoin hingegen steht unter der dezentralen Aufsicht aller Menschen, die sich an der Währung beteiligen.

Der Riel wurde gesetzlich geregelt. Die Gesetze werden von einer gewählten Regierung erlassen und man kann sie damit als von dem Volk akzeptierte Regeln ansehen. Der Bitcoin wiederum wird von Protokollen geregelt, die von allen beteiligten Händlern, Käufern und Geschäften akzeptiert werden.

Folgt man also der Gegenargumentation, dann sind Kryptowährungen auch danach echtes Geld. So wie echte Währungen nur von einer begrenzten Menge Händlern angenommen wird, so werden auch Bitcoin und Co von einer begrenzten Menge Händlern akzeptiert. So wie gesetzliche Vertreter im Namen des Volkes die Aufsicht ausüben, so übt das gesamte an Bitcoin und Co beteiligte Volk die Aufsicht aus. So wie Gesetze, gemacht von Volksvertretern und vom Volk akzeptiert, echte Währungen regulieren, so regulieren von dem an Bitcoin und Co beteiligten Volk akzeptierte Protokolle die Kryptowährungen.

Um also die eingangs gestellte Frage, „Was sind Kryptowährungen?“, zu beantworten: Kryptowährungen sind Geld, das im Internet generiert wird und nur dort existiert und von jedem, der sich daran beteiligen will, genutzt werden kann.

Welche Kryptowährungen gibt es

Die Welt der Kryptowährungen zerfällt im Prinzip in zwei Bereiche, die Bitcoins und den Rest. Der Rest wird dabei Alt-Coins genannt. Das Alt steht dabei nicht für alte Coins oder veraltete beziehungsweise weggeworfene Coins, sondern für Alternative Coins. Dazu kommen noch sogenannte S-Coins, auch Shit- oder Schein-Coins genannt. Die Unterteilung in Bitcoins und Alt-Coins hat einen sehr einfachen Hintergrund. Der Bitcoin war zuerst da und alle anderen versuchen, ihn entweder zu kopieren oder sich von ihm abzuheben. So oder so, die Alt-Coins versuchen, eine Alternative zu sein.

Die Shit-Coins wiederum sind im Grunde nichts anderes als glatter Betrug. Sie kopieren das System existierender Kryptowährungen. Sie haben jedoch keine komplizierten Protokolle, sondern werden von den Betrügern nur beliebig oft, je nach Nachfrage, kopiert. Sie erscheinen auf dem Markt und bleiben, bis genug davon verkauft sind. Dann werden sie wieder vom Markt genommen und die Käufer gucken in die Röhre.

Der Bitcoin

Die Absolute Nummer eins ist der Bitcoin, denn es gab ganz einfach noch keine andere Kryptowährung davor. Kurz gesagt, der Bitcoin ist eine elektronische Währung. Sie wird ausschließlich im Internet geschaffen und gehandelt.

Der Bitcoin unterliegt keiner zentralen Aufsicht und wird nicht zentral gesteuert, damit unterscheidet sich diese Währung am deutlichsten von den alteingesessenen Dollars und Euros. Das Netzwerk, das diese Währung schafft, kontrolliert sich selbst.

Auf der anderen Seite kann man den Bitcoin wie den Dollar oder Euro als Zahlungsmittel einsetzen. Das geschieht direkt von Person zu Person oder vom Kunden zum Geschäft. Da das Ganze ohne ein Geldinstitut in der Mitte verläuft, entfallen dabei eventuelle Transfergebühren. Diese können sich bei internationalen Transfers schon mal auf 15 Euro oder sogar mehr belaufen. Bei Bitcoin dagegen betragen sie 0, naja, zumindest so lange, wie man keinen Dritten dazwischen, zum Beispiel eine Börse oder einen Handelsplatz, einsetzt.

Jeder, der im Netzwerk teilnimmt, kann dabei Bitcoins transferieren oder sogar erschaffen. Dabei wird die Zahlung oder die Erschaffung der Bitcoins mit einer digitalen Signatur versehen. Damit kann jeder sehen, welcher Bitcoin von wo nach wo gegangen ist oder wo er sich zur jeweiligen Zeit befindet.

Bitcoin ist damit transparent. Jeder Teilnehmer am Netzwerk kann jede Transaktion verfolgen. Es macht auch nichts, wenn das Netzwerk mal ausfällt. Alle Daten können auf den Festplatten gespeichert werden.

Bitcoin ist aber auch anonym. Jeder kann sich in dem Netzwerk mit einem Pseudonym anmelden. So kann man zwar die Transaktionen verfolgen, man weiß aber nicht, wer hinter dem Namen steckt.

Bitcoin ist auch weniger bürokratisch. Man braucht dazu kein Konto, sondern eine elektronische Brieftasche für seinen Computer, sein Mobiltelefon oder auch offline in Papierform. Diese ist schnell heruntergeladen und aktiviert und schon kann man Bitcoins empfangen, lagern oder transferieren.

Der Bitcoin selbst beruht darauf auf einer freien Software, die jeder herunterladen kann. Diese Software ist ein sogenanntes Open-Source-Programm. Damit kann jeder die Software überprüfen und schauen, was sich wirklich dahinter verbirgt.

Erschaffen wurde der Bitcoin von Satoshi Nakamoto. Bei diesem Namen handelt es sich jedoch um ein Pseudonym. Es ist also unklar, ob es sich dabei um eine einzelne Person oder ein Netzwerk oder ein Unternehmen handelt. Das dabei geschaffene Netzwerk wurde für die Höchstzahl von 21 Millionen Bitcoins ausgelegt. Dabei können die Bitcoins aufgeteilt werden. Der kleinste Teil ist ein Hundert-Millionstel eines Bitcoins und trägt den Namen „Satoshi", nach seinem Erfinder.

Der Ethereum

Der Ethereum ist der zweitgrößte Internet-Coin. Dabei ist jedoch nicht die Größe des Coins relevant, sondern dessen Anteil am Markt. Den Ethereum kann man dabei als Gegenteil des Bitcoins verstehen.

Der Bitcoin stützt sich auf ein Netzwerk, das für den Bitcoin geschaffen wurde. Es geht nicht um einen moralischen oder philosophischen Ansatz, sondern um eine elektronische Währung, die von den anderen Währungen und den Banken unabhängig ist. Kurz, das

Netzwerk des Bitcoins ist für den Bitcoin da.

Der Ethereum wurde geschaffen, um ein Netzwerk zu betreiben, dass die bisherigen Netzwerkdienste ergänzen und vielleicht eines Tages ersetzen soll. Hier wurde also der Coin für das Netzwerk erschaffen. Der Ethereum dient dabei als Treibstoff für das Netzwerk.

Der Ansatz hier ist also weniger der finanzielle Anreiz, sondern der moralische oder philosophische Aspekt. Dabei wird die heutige Form des Internets als Ursünde am Internet angesehen. Dafür muss man aber ein wenig weiter ausholen.

Das Internet wurde geschaffen, um eine Kommunikation ohne Kontrolle und damit eine Freiheit der Informationen zu ermöglichen. Gibt es das aber heute irgendwo? Die Realität sieht ganz anders aus. Netzwerkanbieter kontrollieren das Internet. Sie bieten die Server und die Speicher, die für den Betrieb des Internets nötig sind. Das hat Vorteile und natürlich auch Nachteile.

Der Vorteil des klassischen Internets ist, dass auch kleine Nutzer zum Beispiel eine Webseite erstellen können. Eine kleine Firma oder eine Privatperson brauchen keinen Servercomputer für die eigene Webseite. Man mietet einfach ein wenig Platz auf einem Servercomputer eines Internetanbieters. Ein kleiner Verkäufer für Apps braucht keinen eigenen App-Store. Man benutzt einfach einen bereits existierenden Anbieter.

Die Nachteile sind jedoch der gläserne Mensch und die Abhängigkeit. Da man als Nutzer seine Informationen im Netz abspeichert, kann der entsprechende Betreiber alle diese Daten einsehen. Auch wenn der Einzelne dabei weniger interessant ist, wird das doch gern für Werbezwecke und andere statistische Auswertesysteme genutzt.

Für die Betreiber einer Webseite oder die Nutzer eines App-Stores ergibt sich eine Abhängigkeit. Man nutzt das Angebot und muss sich an dessen Regeln halten. Dabei gibt es aber oft keine gerichtliche Nachprüfung, denn man hat keinen Anspruch auf die Nutzung der Dienste. In anderen Worten, die Anbieter entscheiden, was sie mögen und was nicht. Was sie aber nicht mögen, kicken sie raus und dagegen kann man sich nicht wehren.

Das Ethereum will das alles ändern. Anstatt die gesamten Daten zentral zu lagern, werden die Computer Freiwilliger zu sogenannten Nodes. Diese Nodes sind einfach nur kleine Rechner, die zusammen genommen das gesamte Netzwerk betreiben und die Daten darin speichern. Dabei wird davon ausgegangen, dass die Teilnehmer an diesem Netzwerk dessen Ideen und Zielen zustimmen. Die Teilnehmer können das Netzwerk jedoch jederzeit verlassen, wenn sie mit den Vorgängen darin nicht einverstanden sind. Da es eine sehr große Anzahl von Nodes gibt, fällt das aber nicht auf.

Der Gedanke hinter den Nodes ist, dass der gläserne Mensch durch das gläserne Programm ersetzt wird. Anstatt nun seine Daten auf einem Server zu speichern und damit seine Informationen preiszugeben, speichert sich das Programm auf dem eigenen Rechner und gibt sich selbst Preis. Das gleiche gilt für den App-Store. Anstatt sich also einem Store mit den Apps, die man verkaufen möchte, auszuliefern, liefert sich der Store allen Nutzern aus. Damit schafft das Ethereum, was von Beginn an als die Idee des Internets galt.

Der Ethereum nutzt die gleiche Blockchain-Technologie wie der Bitcoin und erweitert diese mit Smart Contracts. Diese erschafft das Netzwerk an sich mit seinen Nodes und sorgt für einen Vertrieb des Ethereum, ohne dass die Währung dabei kopiert oder doppelt ausgegeben werden kann.

Ripple

Der drittgrößte Anbieter zurzeit ist der Ripple. Ähnlich wie der Bitcoin und der Ethereum, so verwendet auch der Ripple ein dezentralisiertes Netzwerk, die Blockchain. Auch hier werden die Aktionen über Nodes und Smart Contracts durchgeführt.

Ripples rühmt sich dabei besonders seiner Geschwindigkeit. Transaktionen werden dabei in Sekunden anstatt in Minuten abgewickelt. Weiterhin erlaubt das Ripple-Netzwerk das Machen von Schulden. Man kann also Zahlungen vornehmen, die nicht gedeckt sind und bezahlt dann den geschuldeten Betrag später. Diese Möglichkeit, Schulden zu machen, resultiert aus der ursprünglichen Idee hinter dem Ripple. Es geht darum, Händlern, Unternehmen und Finanzinstituten ihre Geschäfte zu erleichtern. Der Ripple ist dabei eine Zwischenwährung, die die Wechselkurse zwischen Vertragspartnern in unterschiedlichen Währungsgebieten vermeidet.

Ein weiterer Unterschied zum Bitcoin und anderen Kryptowährungen ist, dass der Ripple nicht von seinen Nutzern gemacht werden kann. Stattdessen wurde die entsprechende Anzahl an Coins bereits erstellt und wird mit der Zeit in Umlauf gebracht. Das begrenzt die Menge wirkungsvoll und garantiert praktisch einen Anstieg des

Wertes, je mehr von diesen Coins gebraucht werden. Der Nachteil ist jedoch, dass ein Großteil der Währung noch immer von den Machern des Ripples zurückbehalten wird. Damit können sie von Preisanstiegen profitieren, aber auch durch das plötzliche Freigeben von zu vielen Coins auch einen Währungsverfall provozieren. Die Macht ist in diesem Moment also sehr zentral angelegt.

Dash

Dash ist eine weitere Kryptowährung, die sich bereits etabliert hat. Diese Währung arbeitet im Prinzip wie ein Bitcoin oder ein Ethereum. Man hat eine Blockchain, also ein Netzwerk und man hat einen Smart Contract. Doch es gibt einen großen Unterschied, den man sogar als Rückschritt bezeichnen könnte.

Dash möchte so wie der Bitcoin und das Ethereum die zentralen Bankinstitute und die zentralen Server umgehen. Das Ziel ist, einen Coin zu erschaffen, der sich wie Bargeld verhält. Dabei geht es um die zwei wesentlichen Eigenschaften des Bargeldes: es wird sofort übergeben und die Übergabe ist anonym.

Die Überweisung mit dem Bitcoin geht sehr schnell vonstatten. Sie geschieht normalerweise in Minuten, oftmals aber noch schneller. Der Dash möchte diese Zeit auf augenblicklich verkürzen. Dazu verwendet der Dash nicht einfach nur ein System von gleichwertigen, sehr zahlreichen Nodes. Stattdessen werden die Nodes durch große Systeme, durch Masternodes ergänzt. Die Masternodes sind jedoch ein wenig mit den zentralen Servercomputern des heutigen Internets vergleichbar. Daher könnte man in ihnen einen Rückschritt sehen.

Was diese Masternodes jedoch machen, ist gleich doppelt wichtig. Erstens schaffen sie eine Ordnung, die die Überweisung spürbar beschleunigt. Zweitens nehmen sie die Informationen aus der Hand der Nodes.

Die Blockchains des Bitcoins ermöglichen es jedem Nutzer, zu sehen, wie viele Bitcoins sich auf jedem Konto befinden. Dabei ist der Kontoinhaber selbst anonym, denn er gibt nur sein Pseudonym an. Den Betreibern des Dashs bedeutet diese Einsicht immer noch zu viel Preisgabe an Informationen. Weshalb sie aus der Hand der kleinen Nodes nehmen und in den Masternodes bündeln. Diese genehmigen dann die einzelnen Transaktionen, was Betrug verhindern soll. Nur noch die Masternodes wissen, welches Geld sich auf welchem Konto befindet. Damit ist echte Anonymität gewährleistet.

Primecoin

Primecoin ist eine weitere Kryptowährung, die bereits am Markt etabliert ist. Der Marktanteil des Primecoin ist jedoch bisher nicht sehr groß. Der Primecoin ist dabei ähnlich in seinem Aufbau und seiner Anwendung wie der Bitcoin, es gibt jedoch Unterschiede.

Primecoin wirbt damit, Transaktionen zehn Mal schneller als Bitcoin durchzuführen. Weiterhin werden bei der Erstellung des Primecoin Berechnungen mit wissenschaftlichem Wert durchgeführt. Damit wird die Energie, die für die Erstellung der Währung verbraucht wird, gleich noch der Wissenschaft zugeführt. Der wissenschaftliche Gehalt des Primecoin dreht sich dabei um die Berechnung von speziellen Ketten von Primärzahlen. Daraus ergibt sich das Prinzip, dass man für seine Arbeit zur Förderung der Wissenschaft belohnt wird.

Neben den hier angesprochenen Kryptowährungen gibt es natürlich noch eine Reihe weitere Coins. Das Problem ist jedoch immer, die Spreu vom Weizen zu trennen. Man will schließlich nicht sein Geld einem Betrüger in den Rachen werfen oder sich einen Virus herunterladen, der den eigenen Coin-Vorrat schnell ausplündert.

Gute Währungen, denen man also vertrauen kann, gibt es meistens schon eine Weile am Markt. Über sie wurde bereits geschrieben. Eine einfache Internetsuche gibt also schnell Auskunft. Weiterhin verfügen gute Währungen über die entsprechende Infrastruktur. Das bedeutet, ihre Blockchain ist schnell und funktioniert einwandfrei. Weiterhin muss es einen Handelsplatz geben, wo man mit ihnen handeln kann. Es bringt nichts, eine Währung zu erwerben, die man nicht wieder loswird oder mit der man keine Waren oder Dienstleistungen kaufen kann.

Die Vision oder die Vorstellung der Währung ist ebenfalls wichtig. Was will derjenige, der die Währung erschaffen hat, damit erreichen? Können sich Internetnutzer mit dem Ziel identifizieren, wird die Währung mehr Abnehmer finden. Hat die Währung schon einige Verbreitung erreicht, dann gibt es auch Geschäfte, die sie akzeptieren.

Wichtig ist auch, herauszufinden, wer hinter dem Coin steckt. Nicht immer sind die Macher seriös. Leider, wie im Falle des Bitcoin, lässt sich der Ersteller der Währung nicht so unbedingt ausfindig machen. Auch hier sollte man schauen, wie die Währung in der Vergangenheit gehandelt und angenommen wurde.

Wie bei jeder Investition ist es immer wichtig, dass man sich informiert und nur dann einsteigt, wenn man auch wirklich überzeugt ist. Schließlich soll mit der Investition Geld verdient und nicht verloren werden.

Wie werden Kryptowährungen geschaffen

Das Schaffen von Kryptowährungen kann man in zwei Bereiche unterteilen. Ein Bereich ist das Kreieren einer komplett neuen Währung und der andere Bereich ist das Kreieren von Coins für eine bereits bestehende Währung.

Fangen wir mit dem ersten Bereich an. Im ersten Kapitel wurde bereits dargestellt, was eine Währung ausmacht. Sie muss selten und begrenzt sein und sie muss akzeptiert werden. Das sind genau die Anforderungen, die man mit einer neuen Währung erfüllen muss. Nehmen wir ein Beispiel zur Hilfe. Wir nehmen an, dass wir eine neue Währung erschaffen wollen. Die neue Währung nennen wir einfach New Euro und kürzen sie NE ab. Jetzt geht es an die Umsetzung.

Der erste Schritt muss sicherstellen, dass die Währung selten ist. Hierzu braucht man ein Protokoll, das die Währung für einen Computer definiert. Dieses Protokoll muss verhindern, dass die Währung beliebig oft kopiert oder doppelt ausgegeben werden kann. Die dazu nötigen Protokolle schreibt man entweder selbst, lässt sie von einem Profi schreiben oder aber nimmt sich eine frei verfügbare Software, die bereits im Internet erhältlich ist. Ohne freies Kopieren und ohne doppeltes oder mehrfaches Ausgeben ist die Währung zumindest am Anfang selten.

Bei der Erstellung der Währung ist es von Anfang an wichtig, einen Faktor für die Begrenztheit einzubauen. Dazu stehen wiederum zwei Vorgehensweisen zur Verfügung.

Die erste Art ist zugleich die einfachste. Man erlaubt den Nutzern einfach nicht, neue Coins zu schaffen. Dann legt man eine Nummer von Coins fest, produziert sie selbst und bringt sie in Umlauf. Der große Vorteil dabei ist, dass man die gesamte Währung unter seiner Kontrolle hat. Außerdem ist gewährleistet, dass die Währung an Wert steigt, sobald sie angenommen wurde. Warum? Wenn die Währung akzeptiert wird, dann wollen die Leute sie haben. Gleichzeitig kann die Währung aber nicht vermehrt werden. Jeder Coin, den die Leute kaufen, ist ein Coin weniger, der verfügbar ist und lässt damit den Preis der noch verfügbaren Coins automatisch ansteigen. Der Ripple folgt diesem Prinzip.

Der Nachteil dieser Währung ist, dass man alle Coins selbst produzieren muss, was mit einem großen IT-Aufwand verbunden ist. Weiterhin ist es schwerer, eine Gemeinschaft von einer Währung zu überzeugen, wenn diese sie nicht selbst herstellen kann. Viele nehmen nämlich an Bitcoin und Co teil, um dabei ihre eigenen Coins herzustellen und mit deren Verkauf zu verdienen.

Der andere Weg ist es, die Nutzer der Währung ihre eigenen Coins produzieren zu lassen. Dabei muss die Produktion jedoch mit einem erheblichen Aufwand verbunden sein, denn sonst würde der Markt mit den Coins nur so geflutet werden. Der Aufwand wird durch komplizierte Rechenoperationen erzeugt, die ein Computer durchführen muss, um auch nur einen Coin zu generieren. Der Aufwand ist dabei mehrfach. Der Computer wird auf nur diese eine Arbeit festgelegt. Der Computer verbraucht Strom und er muss oftmals noch gekühlt werden, vor allem dann, wenn mehrere Computer in einem Raum an der Erstellung von Coins arbeiten.

Der Vorteil dieser Art der Währungserstellung ist, dass man nicht selbst die Coins herstellen muss. Andere übernehmen die Arbeit und am Ende verdienen alle. Außerdem überzeugt die Aussicht, dass man seine eigenen Coins herstellt und verkauft, viele, sich an einem solchen Netzwerk zu beteiligen.

Die Begrenzung wird durch den Aufwand für die Rechenoperation erreicht. Das kann man noch steigern, indem für alle weiteren Münzen ein immer größerer Aufwand nötig ist. Damit sind viele bereit, gerade am Anfang auf die Währung aufzuspringen und die Produktion pro Coin wird immer langsamer, je mehr Leute sich an der Produktion beteiligen. Das hält die Menge der verfügbaren Währung und deren Wert relative stabil beziehungsweise sorgt für einen ständigen Anstieg des Wertes, wenn die Produktion hinter der Nachfrage zurückfällt. Ein solcher Anstieg würde wiederum noch mehr Menschen dazu bewegen, diese Währung herzustellen beziehungsweise zu handeln.

Ist die Währung erstellt und sind alle Rahmenbedingungen festgelegt, dann wird es Zeit, das Fantasiegeld in echtes Geld umzuwandeln. Dazu muss man die Leute überzeugen, es zu akzeptieren. Wenn sie dann Geld ausgeben, um die Währung zu kaufen oder Händler dafür Waren oder Dienstleister dafür Dienstleistungen anbieten, dann bekommt die Währung einen Wert und ist auch wirklich eine Währung.

Die Frage ist nun, wie kann man die Leute dazu bewegen, die Währung zu akzeptieren. Ein Weg fällt dabei bestimmt jedem sofort ein: man gebe einfach einen Teil der Währung kostenlos heraus. Das bringt aber ein kleines Problem mit sich. Warum sollten Leute eine

Währung kaufen, die kostenlos erhältlich ist?

Hinter der Währung muss ein Wert stecken. Dieser Wert kann eingebildet oder echt sein. Er muss jedoch ausreichen, damit die Leute Geld, Waren oder Dienstleistungen dafür hergeben. Das einfachste wäre ein virtuelles Angebot. Man kann zum Beispiel ein kleines Spiel als App für Smartphones kreieren. Innerhalb des Spiels bietet man lustige, nützliche oder nötige Teile zum Kauf. Das können Kuscheltiere für die Farm oder Lichtschwerter für Star Wars sein. Diese Waren kann man nur mit dem New Euro, NE, kaufen. Den NE wiederum erwirbt man mit echtem Geld. Die Summe kann am Anfang ganz klein sein. Die Leute werden dann nicht lange darüber nachdenken und die ersten NE erwerben. Das ist der Beginn für die Währung, zu wachsen. Da die Währung begrenzt ist, wird der Preis schnell steigen, sobald die Währung frei gehandelt werden kann. Steigende Werte bedeuten wiederum eine steigende Anzahl von Nutzern. Das wiederum bringt steigende Werte und immer so weiter.

Natürlich muss man jetzt nicht unbedingt damit anfangen, seine eigenen Währung zu bauen. Man kann auch auf eine existierende Währung aufspringen. Viele davon arbeiten nach dem Prinzip, dass die Nutzer ihre eigenen Coins produzieren können. Andere, wie der Ripple, sind in ihrer Gesamtmenge bereits von dem Ersteller produziert.

Um seine eigenen Coins produzieren zu können, muss man eine Währung finden, die das erlaubt. Die eigene Produktion von Coins wird als Mining bezeichnet. Das spielt auf die Zeit der Gold- und Silberminen an, in denen das Wertmetall gefördert wird beziehungsweise wurde.

Das Mining der Coins unterscheidet sich von Währung zu Währung. Immer jedoch geht es darum, dass ein Computer Rechenoperationen durchführen muss und damit Energie verbraucht.

Bitcoin-Mining

Die erste Währung war der Bitcoin. Daher ist dessen Mining-Operation inzwischen sehr komplex und sehr weit fortgeschritten.

Der Bitcoin-Miner stellt, ganz einfach gesagt, nur seinen Rechner der Blockchain zur Verfügung. Erinnern wir uns: die Blockchain war das Netzwerk der Nutzer des Bitcoins. Das ist aber etwas falsch ausgedrückt. Genau genommen ist die Blockchain das Kontobuch des Netzwerkes. In der Blockchain sind alle Transaktionen enthalten. Um das Mining zu verstehen, muss zuerst das Kontobuch etwas mehr erklärt werden.

Jedes Mal, wenn ein Bitcoin transferiert wird, wird diese Information als Block im Netzwerk gespeichert. Zusammen ergeben diese Blocks die Blockchain. Diese ist sicher, weil jede Transaktion in einen Zahlencode umgewandelt wird. Dieser Zahlencode bekommt eine Prüfsumme, einen Hash. Darin enthalten sind die Informationen der aktuellen Transaktion und die Informationen des Blocks davor. Will man also einen Block fälschen, muss man auch den Hash und den davor fälschen und jeder Hash danach würde die Fälschung übernehmen. Diese aber kann dank komplizierter Rechenoperationen schnell als Fälschung erkannt werden.

Die Miner nun stellen mit ihren Computern das Netzwerk zur Verfügung. Es sind diese Computer, die Transaktionen genehmigen und ausführen. Sie sind es, die die Blockchain speichern und sie sind es, die die Blocks generieren und die Blockchain überprüfen.

Nun sind diese Operationen kompliziert, aber Computer würden sie dennoch innerhalb von Minuten durchführen können und dann wären alle Bitcoins innerhalb von Stunden geschürft. Damit das nicht passiert, werden die Rechenoperationen durch zusätzliche Prozesse erschwert. Diese Prozesse machen das Mining mit der steigenden Anzahl an Coins immer aufwendiger.

Am Anfang reichten noch die Computer, die man bei sich zu Hause hatte. Heute jedoch würden diese Computer keine Chance mehr auf einen Coin haben. Das liegt daran, dass die Miner regelrecht nach den Blocks jagen. Nur wer die Rechnerpower hat, kann den Block innerhalb der gewünschten Zeit berechnen. Daher können nur diejenigen Blocks generieren, deren Rechenkraft auch wirklich dafür ausreicht.

Bald entdeckten die Computernutzer, dass ihre Grafikkarte ihnen bei der Berechnung der Blocks weit bessere Dienste leistete. Diese brauchten jedoch Kühlung und waren energiehungrig. Bald aber reichte auch die Grafikkarte nicht mehr aus. Heute gibt es ASIC-Chips. Das sind spezielle Chips, die für das Mining der Coins gebaut werden. Diese Chips sind bei den nötigen Rechenoperationen nicht nur viel schneller, sie verbrauchen dabei auch noch viel weniger Energie.

Nun sind Grafikkarten und ASIC-Chips immer noch nicht genug. Die Mining-Operationen werden immer komplizierter und kraftvolle Netzwerksysteme schnappen einem die Coins vor der Nase weg. Damit man auch als kleiner Miner noch eine Chance auf Coins hat, schalten sich die Miner in Clouds zusammen. Dabei muss man für den Cloudserver etwas Miete zahlen, doch man kann mit den anderen Minern in der Cloud gemeinsam Bitcoins schürfen. Je nachdem, wie viel Rechenkraft man dafür zur Verfügung gestellt hat, erhält man einen Anteil an den geschürften Bitcoins.

Ethereum-Mining

Das Ethereum-Mining ist in vielen Punkten mit dem Bitcoin-Mining vergleichbar. Auch für den Ethereum gibt es eine Blockchain und dazu kommen noch die Smart Contracts. Die Miner erstellen die Blocks und verarbeiten die Smart Contracts. Alle fünf Sekunden wird dabei ein Block ausgewählt. Man muss also einiges an Rechenleistung mitbringen, damit der eigenen Block derjenige ist, der vom Netzwerk ausgewählt wird. Hat man es jedoch geschafft und der eigene Block wurde ausgewählt, dann bekommt man dafür als Belohnung fünf Ether-Token. Ein Token hat inzwischen einen Wert von über 50 Euro erreicht. Man würde also für einen Block eine Belohnung von 250 Euro erhalten. Dabei hat man alle 5 fünf Sekunden eine Chance, einen Block einzubringen. Also hat man alle 5 Sekunden eine Chance auf 250 Euro.

Zur Berechnung des Blocks selbst werden nur 15 Sekunden benötigt. In diesen 15 Sekunden muss das Netzwerk auch auswählen, wer nun den Block zur Verfügung stellen darf. Dabei kann es schnell vorkommen, dass mehr als nur ein Miner ausgewählt wird. Derjenige, dessen Block dann nicht genommen wird, erhält als Entschädigung zwei oder drei Ether-Token.

Das ist jedoch die bisherige Form des Minings. Das bereits angekündigte Update soll das bisherige System auf eine neue Arbeitsweise umstellen. Ob es sich dann noch lohnt, Ethereum-Mining zu betreiben, bleibt abzuwarten. Bis jetzt jedoch ist es noch immer profitabel, solange man dabei mit einer guten Grafikkarte vorgeht. Wie beim Bitcoin-Mining sollte man sich jedoch zu Clouds zusammenschließen, damit sich das Mining wirklich lohnt.

Primecoin-Mining

Mining Ethereum und Bitcoin verbindet beide, dass es viel kostet. Man muss Rechner kaufen, Grafikkarten und/oder ASIC-Chips installieren und die Rechner laufen lassen. Diese erzeugen eine Menge Rechenkraft und verbrauchen eine Menge Energie. Im Grunde genommen wird diese Energie und die Rechenkraft jedoch vergeudet.

Die Computer, die die Blockchain-Berechnungen durchführen, werden in ihrer Arbeit absichtlich durch komplexe Protokolle verlangsamt. Das ist gut für die Währung, doch die Computer laufen, verbrauchen Energie und produzieren nichts. Die beteiligte Hardware wird dann irgendwann entsorgt und dass alles nur, um ein Fantasiegebilde am Laufen zu halten. Es bedeutet zwar Geld für den Miner, doch das gesamte Netzwerk unterstützt nur die Währung selbst. Es laufen keine Operationen für Spiele oder andere Anwendungen ab. Spiele jedoch würden die Spieler erfreuen und andere Anwendungen würden, je nach ihrer Art, einen anderen Nutzen bringen. Das Schürfen von Ethereum und Bitcoin jedoch verbraucht die gesamte Rechenkapazität für keinen Effekt, außer, dass mehr Ethereum-Token und mehr

Bitcoins im Umlauf sind. Diese jedoch haben ihren Wert einzig und allein aufgrund der Akzeptanz der Nutzer. Sie sind kein offizielles, gesetzliches Zahlungsmittel und ersetzen keine andere Währung. Kurz, das ganze System ist in praktischer Hinsicht eine Verschwendung.

Der Primecoin möchte genau das ändern. Seine Grundoperation ähnelt denen des Ethereums und des Bitcoins. Man berechnet eine Blockchain. Dazu braucht man ein Netzwerk. Der Miner stellt mit seinem Computer dem Netzwerk Rechenkapazität zur Verfügung. Damit nicht sofort der gesamte Markt mit Primecoins überschwemmt wird, wird die Berechnung künstlich erschwert. Wie aber macht der Primecoin nun einen Unterschied?

Der Primecoin verbindet mit den Berechnungen, die für das Netzwerk notwendig sind, wissenschaftlich wertvolle Berechnungen. Der Miner stellt also seine Rechenkraft nicht einfach nur dem Erhalt eines künstlichen Gebildes zur Verfügung, er hilft auch der Wissenschaft.

Die Berechnungen, die die Miner durchführen, dienen dem Finden von Primärzahlen oder genauer gesagt, von Primärzahlketten. Diese Ketten und Zwillingsketten sind ein bisher wenig verstandenes Objekt der arithmetischen Forschung. Um nun ihre Eigenschaften besser zu verstehen und überhaupt ihre Existenz als unendliche Ketten nachzuweisen, braucht man eine unheimlich große Rechenkraft. Die Miner liefern diese Rechenkraft und werden dabei mit den Primecoins entlohnt.

Viele verschiedene Währungen bedeutet, viele verschiedene Rechenoperationen, -Leistung, Ziele und Ideale. Man kann sich also in der Welt der Kryptowährungen umsehen und entscheiden, ob man nur investieren oder mit seiner Investition auch einen gewissen Beitrag zu bestimmten Projekten leisten möchte. Dabei kann man sogar noch Währungen finden, die man am heimischen Computer schürfen kann. Es ist also lohnenswert, sich mal ein wenig genauer umzusehen.

Wie kann man mit Kryptowährungen Geld verdienen

Kryptowährungen bieten unterschiedliche Ansätze, um mit ihnen Geld zu machen. Dabei sollte man auch und vor allem nach seinem eigenen Verständnis auswählen. Der wichtigste Schutz vor Betrug und Fehlinvestments ist nämlich, dass man weiß, worauf man sich einlässt. Das bedeutet auch, dass sich nicht jede Investmentmethode für jedermann eignet.

Eine eigene Währung

Die erste Methode, mit Kryptowährungen Geld zu verdienen, ergibt sich aus dem bisher Gesagten. Im letzten Kapitel wurde das Erstellen einer Währung angesprochen. Wer also ganz gewitzt ist und viele Ideen, viel Zeit und über einiges Kapital verfügt, kann sich an diese Methode wagen. Der Vorteil liegt dabei klar auf der Hand. Man hat die gesamte Zeit die volle Kontrolle über das Projekt. Man selbst entscheidet, wer, was, wann, wo und wie im Netzwerk machen kann, wenn man die Währung erstellt.

Der Nachteil wird jedoch auch sehr schnell klar. Man muss viel Zeit, viel Wissen und eine Menge Geld mitbringen. Der Erfolg ist dabei keineswegs garantiert. Es tummeln sich bereits viele Kryptowährungen im Internet. Mit jeder neuen Währung wird es immer schwieriger, Akzeptanz zu finden. Wenn aber niemand die Währung kaufen oder sonst wie haben will, dann ist es schlicht keine Währung und das Projekt gescheitert. Dann hat man Geld und Zeit verloren.

Mining

Das Mining einer bereits etablierten Währung bietet eine Menge Vorteile. Je länger die Währung am Markt ist, desto wahrscheinlicher ist ihr fortgesetzter Erfolg. Damit wird man für seine geminten Coins bestimmt einen Absatz finden. Ein weiterer Vorteil ist, dass das Mining praktisch nebenbei erfolgen kann. Man braucht damit nicht so viel Zeit in den Prozess investieren und kann dann seine Arbeitskraft auch in anderen Projekten einsetzen.

Der Hauptnachteil des Minings ist der Hardware- und der Energiehunger. Je später man in eine Währung einsteigt, desto mehr Rechenleistung muss man mitbringen, damit sich das Mining überhaupt noch lohnt. Rechenleistung bedeutet aber hohe Anschaffungskosten bezüglich der Hardware. Dazu kommen hohe Unterhaltskosten für Energie und Wartung. Man muss Teile austauschen. Man muss die Geräte betreiben, was Energie kostet. Man muss das gesamte System kühlen, was wieder Energie kostet und man muss sich oftmals teure Software dafür herunterladen. Kurz, hier braucht man Geld, um zum Erfolg zu gelangen.

Ein Vorteil ist jedoch, dass man die Rechenleistung oft genug auch für andere Währungen einsetzen kann, jedoch ist das bei ASIC-Chips nicht immer so möglich. Mit Ausnahme dieser Chips kann sich also eine Investition mehrfach auszahlen.

Weiterhin ist man mit dem erwirtschafteten Geld auch Marktschwankungen der Währung ausgesetzt. Man sollte das Mining also bei den Währungen betreiben, die schon etabliert sind, was aber wiederum mehr Rechenleistung bedarf. Neue Währungen brauchen dagegen weniger Rechenleistung, bringen dafür aber mehr Unsicherheit.

Kurz gesagt, für Privatpersonen eignet sich das Mining kaum noch. Großinvestoren, Miningzentren und Clouds saugen mit ihren Rechenleistungen die Blocks meistens so schnell ab, dass der Privatminer damit kaum mithalten kann. Damit das Ganze rentabel wird, muss man schon mit einem ganzen Netzwerk anfangen und nicht mit einzelnen Computern.

Der Handel

Eine weitere Möglichkeit ist der Handel mit den Kryptowährungen. Diese unterliegen meist sehr starken Schwankungen, die leicht mehr als zehn Prozent, mitunter sogar mehr als 20 Prozent, innerhalb nur eines Tages betragen können. Durch den Handel kann man diese Schwankungen ausnutzen. Dazu kann man selbst als Händler auftreten und die Marge zwischen Kauf und Verkauf für sich einstecken.

Hier ist das Risiko aufgrund der schnellen Abfolge der Transaktionen gering. Während es zwar durchaus vorkommen kann, dass man dabei richtig verliert, sind die Chancen dafür, aus zeitlicher Hinsicht, jedoch eher gering. Man behält die Währung einfach nicht lange genug, um damit einer statistisch relevanten Gefahr ausgeliefert zu sein.

Die Anlage

Neben dem aktiven Handel kann man die Kryptowährungen auch als Anlage benutzen. Dabei kauft man eine bestimmte Menge Coins einer Kryptowährung und hält diese Währung über einen längeren Zeitraum.

Viele der Kryptowährungen haben langfristig steile Steigungsraten erlebt. Dabei geht es nicht um schlappe 100 Prozent Wertsteigerung, sondern um tausende und zehntausende Prozent. Es lohnt sich daher, die Währungen über einen längeren Zeitraum zu halten und dann wieder abzustoßen. Damit gleicht dieses Investment dem Kauf von Gold oder Wertpapieren.

Auch hier jedoch sind Kenntnisse des Marktes wichtig, damit man nicht einen großen Verlust dabei einfährt. Gerade junge Währungen können innerhalb kurzer Zeit rasant steigen. Dabei sind aber auch die jungen Währungen gefährlich, denn man weiß nicht, ob man einem Schein-Coin aufgesessen ist. Alteingesessene Währungen dagegen können noch immer erhebliche Wertsteigerungen aufweisen, aber eben nicht so rasant wie junge Währungen. Dafür haben sich die länger eingesessenen Währungen bereits bewährt. Problematisch ist jedoch, dass es immer irgendwann zu einem Absturz kommt. Daher sind auch ältere Währungen nicht risikolos. Dafür aber kann man sich sicher sein, keinem Schein-Coin aufgesessen zu sein.

Vermögensabsicherung

Die Vermögensabsicherung ist nicht unbedingt ein Investment im Sinne von Investieren und Profitieren. Es ist aber immer noch ein

Investment im Sinne des Vermeidens von Verlusten.

Die klassischen Währungen unterliegen Eingriffen, die außerhalb der Macht des Einzelnen liegen. Sie können durch plötzliche Ausschüttungen der Zentralbanken plötzlich entwertet werden. Regulierungen und Eingriffe der Regierungen können ihren Wert verändern. Dazu kommen Leitzinsen und Inflation. Derzeit zum Beispiel frisst die Inflation und die niedrigen Zinsen für Spareinlagen die Vermögen der Sparer auf, anstatt sie zu vermehren.

Hier kann eine Flucht in Bitcoin und Co Abhilfe bringen. Diese Währungen unterliegen nur den Eingriffen und Handlungen ihrer Nutzer, nicht den Regierungen und Zentralbanken. Gleichzeitig sinkt ihr Wert zurzeit nicht aufgrund von Inflation. Stattdessen steigt er permanent an. Damit lohnen sich vor allem länger existierende Währungen, um sein Vermögen gegen die Unsicherheiten des Lebens abzusichern.

Funding

Funding ist die wahrscheinlich risikoreichste Art, mit Kryptowährungen Geld zu verdienen. Gleichzeitig bietet es aber auch die Chancen auf die größten Gewinne. Dabei wird das Funding häufig in Form des ICO (Initial Coin Offering) durchgeführt.

Eine neue Währung zu kreieren beziehungsweise in Umlauf zu bringen braucht Infrastruktur und Geld. Die Infrastruktur wiederum kostet ebenfalls Geld. Kurz, wer eine Währung schaffen will, braucht viel Geld. Die meisten, die eine Währung starten, sind jedoch nicht so reich, wie sie es gern hätten. Dafür aber haben sie Talent. Was macht man nun, wenn man Talent aber kein Geld hat? Man findet Investoren.

Ein Weg, Investoren zu finden, ist das Crowdfunding. Dabei stellt man sein Projekt auf diversen Plattformen oder auf der eigenen Seite vor. Die Leser können dann entscheiden, ob sie dem Projekt trauen und dann dementsprechend das Projekt finanzieren. Dabei geht es nicht um einen Investor, sondern um viele, eine Crowd. Diese finanziert (funding) das Projekt, daher Crowdfunding.

Der Vorteil für den talentierten Programmierer liegt auf der Hand. Er muss keinen misstrauischen Großinvestor, der keine Ahnung von Computern hat, von seiner Idee überzeugen. Stattdessen kann er sich an viele junge Menschen wenden, die alle einen kleinen Betrag beisteuern.

Der Vorteil für die Investoren ist ebenfalls leicht zu sehen. Man investiert nur ein klein wenig. Damit hat man keine großen Ausfälle zu befürchten, falls das Projekt schiefgeht.

Als Belohnung für das Investment erhalten die Investoren Coins der neuen Währung. Diese Coins sind noch recht billig und damit zahlreich zu bekommen. Wenn sie dann mehrere tausend Prozent gestiegen sind, können die Investoren sie verkaufen. Damit wandeln sie ein paar Euro schnell in viele zehntausende Euros, das heißt, wenn die Währung Erfolg hat.

Das Funding ist aber auch später noch möglich. Zum Beispiel kann damit das Upgrade der Währung oder aber einige Miner direkt unterstützt werden.

Währungen, wie zum Beispiel der Ethereum, entwickeln sich. Um den Entwicklungen des Marktes und des Netzwerkes Rechnung zu tragen, werden mitunter Updates nötig. Diese aber brauchen Zeit und kosten oft genug einiges an Geld. Daher lohnt es sich, hier einzusteigen und per Crowdfunding das Geld zur Verfügung zu stellen.

Vor allem bei älteren Währungen ist der Rechenaufwand immer höher. Daher können Miner dazu übergehen, ihre Rechenkraft per Crowdfunding auszubauen. Die Investoren erhalten dann ihre Investition als Anteil an den geminten Coins zurück.

Bei diesen oder ähnlichen Projekten ist das Risiko geringer, denn die Währung an sich ist bereits am Markt etabliert. Andererseits hat die Währung auch schon so einiges an Wert aufgebaut. Damit ist auch die Wertsteigerung und damit der Gewinn potentiell kleiner.

Das Wichtigste beim Funding ist, das richtige Projekt zu finden. Wie schon angesprochen, gibt es viele Schein-Coins. Diese werden verkauft und dann einfach wieder vom Markt genommen. Gerade am Anfang, also als ICO, ist die Gefahr dafür am größten.

Das Wichtigste, insbesondere bei ICO-Projekten, sind daher Informationen, Informationen und Informationen. Man muss wissen, wer an dem Team beteiligt ist. Man sollte die Idee und den Plan kennen. Ein gutes Team braucht eine gute Idee und einen guten Plan. Ist die Idee schlecht, dann marschiert das Team in die falsche Richtung und der Verlust ist sicher. Da hilft es auch nicht, wenn das Team und der Plan gut sind. Das Gleiche trifft bei einem schlechten Team und einer guten Idee auf. Natürlich ist auch ein schlechter Plan immer ein Hindernis.

Neben den Informationen über das Team, dessen Plan und dessen Idee muss man natürlich auch die Materie insgesamt kennen. Nur so kann man beurteilen, ob die Idee und der Plan taugen.

Gerade der Hype um die Kryptowährungen bringt in dieser Zeit eine Menge schwarzer Schafe hervor, deren Währungen nie akzeptiert werden. Daher sollte man besser ständig misstrauisch gegenüber neuen Währungen sein. Dazu kommt eine kleine Faustregel. Je mehr Währungen bereits existieren, desto schwerer ist es, die Leute von einer neuen Währung zu überzeugen.

Zugleich muss man bei einem solchen Investment auch noch eine Menge Frustration einstecken können und viel Geduld mitbringen. Der Hype um die Kryptowährungen heute gleicht sehr dem Hype um das Internet, als dieses noch jung war. Damals starteten viele neue Unternehmen mit großen Hoffnungen und machten doch am Ende schnell Pleite. Auch die Kryptowährungen sind nur Startups. Man erwirbt mit den ersten Coins noch nicht einmal echtes Geld, dieses muss sich erst entwickeln. Kurz, man muss damit leben können, dass einige dieser Währungen, in die man vielleicht investiert hat, schnell wieder verschwinden. Diejenigen jedoch, die sich durchsetzen, brauchen einige Zeit, bis sie die Werte erreichen, bei denen sich ein Verkauf richtig lohnt. Man will sie auch nicht zu früh verkaufen und dann auf Profite im Verlaufe weiterer Wertsteigerungen verzichten.

Egal, für welchen Weg man sich für sein Investment schließlich begeistert, das Zauberwort ist Diversifizierung. Natürlich haben einige Glückspilze damit einen riesigen Gewinn gemacht, indem sie in nur ein Projekt investierten. Das kommt jedoch einem Glücksspiel gleich. Am Anfang haben es selbst absolute Kenner der Szene schwer, vorherzusagen, welche Währung wie erfolgreich sein wird. Das liegt daran, dass einfach zu viele Faktoren zusammenkommen.

Für eine Währung braucht man eine entsprechende finanzielle Grundlage, um die Infrastruktur zu schaffen. Dann braucht man das IT-Wissen, um die ganzen Rechenprozesse entsprechend zu starten. Während man dies alles noch einigermaßen bewerten und abschätzen kann, wird es danach kompliziert. Wer, wie viele Leute, wie schnell und zu welchem Wert nehmen die neue Währung an? Hier kommen Tausende und Millionen von Faktoren zusammen. Im Prinzip kann man das Ganze mit dem Aktienmarkt und seinen Unwägbarkeiten vergleichen. Selbst die weisesten Wirtschaftsgurus können nicht sicher vorhersagen, was morgen oder übermorgen an der Börse für Kurse stehen werden.

Auch wenn man hin und wieder von der einen oder anderen großen Erfolgsgeschichte dank eines einzigen Projektes gehört hat, kann man sich sicher sein, dass viele andere Geschichten über Misserfolge existieren. Will man also totale Misserfolge vermeiden, muss man in seine Investitionen streuen. Dabei kann man eine Anlageform und viele Anlagen wählen oder sogar verschiedene Arten von Investments betreiben. Natürlich wird es dabei auch zu Misserfolgen und Ausfällen kommen. Doch die betreffen dann nur einen Teil der Investition und die anderen Investitionen können weiterhin Profit schaffen. So gewinnt man insgesamt zwar nicht immer so viel, doch man gewinnt doch meistens und genug.

Die Aufbewahrung

Eine Kryptowährung unterscheidet sich in einem weiteren Aspekt von den klassischen Währungen: der Aufbewahrung. Klassische Währungen bewahrt man normalerweise auf einem von zwei Wegen auf. Entweder trägt man sie als Schein oder Münze in seiner Brief- oder Handtasche oder man hat sie auf seinem Bankkonto. Im ersteren Fall kann man ständig ein Auge darauf haben und im letzteren Fall übernimmt die Bank das Überwachen.

Eine Kryptowährung jedoch existiert nicht als Bargeld. Man kann sie also nicht mit sich herumtragen. Stattdessen muss man sie online speichern. Hierbei sollte man von dem Prinzip der Dezentralität ausgehen und nach dem Grundsatz vorgehen, dass jeder seine eigene Bank ist.

Eine Kryptowährung kann man auf zwei Wegen aufbewahren, einmal zentral und einmal dezentral. Wie schon gesagt, die dominierenden Ideen bei Kryptowährungen ist die Dezentralität. Daher ist eine zentrale Lagerung nur empfehlenswert, wenn es sich um eine neue Währung handelt, die gerade noch nicht richtig gestartet ist. Sofort bei deren Start wird sie dann dezentral dem einzelnen Eigentümer überantwortet.

Vorsichtig sollte man bei Währungen sein, die immer zentral gelagert werden wollen. Dahinter verbergen sich meist Schein-Währungen. Diese werden von dem Anbieter je nach Nachfrage beliebig oft kopiert und dann einfach gelöscht, wenn genug davon verkauft worden sind.

Wer Kryptowährungen aufbewahren möchte, wird um eine elektronische Brieftasche, eine Wallet, nicht herumkommen. Die Wallet stellt dabei ein Programm dar, dass über einen öffentlichen und einen privaten Schlüssel verfügt. Der Besitzer der Wallet ist für diese und deren Inhalt verantwortlich. Es gibt keine Bank oder ein anderes Institut, welches den Besitzer verifizieren und die Wallet für ihn öffnen kann. Sprich, wer seine Schlüssel verliert, verliert auch den Inhalt der Wallet.

Die Wallet kann dabei mehrere Formen annehmen. Eine Desktop-Wallet befindet sich lokal auf dem eigenen Computer. Wer will, kann seine Wallet auch online speichern, doch dann muss man wieder einem Anbieter mit seinem Geld vertrauen. Weiterhin gibt es Wallets auch als Apps. Damit kann man sie auch für sein Smartphone verwenden. Eine Hardware-Wallet wiederum ist keine klassische Brieftasche, sondern eine elektronische Brieftasche auf einem Stick. Schlussendlich kann man sich die Wallet sogar als Papierwallet bestellen. Letztere speichert den Schlüssel, sowohl den privaten als auch den öffentlichen, per QR-Code.

Man kann also je nach Geschmack und Sicherheitsbedürfnis seine richtige Wallet finden. Man muss sich nur der eigenen Verantwortung bewusst sein, denn schließlich ist man als Teilnehmer an Kryptowährungen seine eigene Bank.

Vor- und Nachteile der Kryptowährungen

Natürlich bringen die Kryptowährungen, wie eigentlich alles im Leben, ihre eigenen Vor- und Nachteile mit sich. Diese sind besonders dann interessant, wenn man nicht einfach nur an ein kurzes Handeln mit diesen Währungen interessiert ist. Jeder, der sie richtig als Währung verwenden möchte oder sie als Langzeitinvestition ansieht, muss sich ihrer Vor- und Nachteile bewusst sein.

Das Wichtigste an den Kryptowährungen heutzutage ist, dass man dank der Blockchain einen Coin auch nur einmal ausgeben kann. Jede Transaktion wird gespeichert. Der Coin kann also nur von einem Sender zu einem Empfänger gehen und das auch nur, falls der Empfänger existiert und dies zulässt. Man muss also keine Sorge vor eventuellem Doppeln des Geldes haben, was ja dessen Wert empfindlich reduzieren würde.

Die meisten Währungen gestatten es nicht, sich zu verschulden. Wie bei Bargeld kann nur das Geld überreicht werden, das auch wirklich existiert. In anderen Worten, wer keinen Coin hat, kann ihn auch nicht transferieren. Damit lassen sich komplexe Probleme wie Schulden, Verzugszinsen und dergleichen glatt vermeiden.

Die Währungen bieten Transparenz bei gleichzeitiger Anonymität. Jeder Nutzer kann sehen, was geschieht. Niemand kann einem vorlügen, dass er mehr Geld hätte. Auf der anderen Seite gehen alle Zahlungen anonym vonstatten. Das liegt an dem Pseudonym. Man weiß, welche Wallet und damit welches Pseudonym welches Geld hat, aber man weiß nicht, wer sich hinter dem Pseudonym verbirgt.

Alle Transaktionen sind nicht beendbar. Sie können nicht widerrufen werden und man kann sie nicht verändern. Damit kann jeder nur genau eines sein: ehrlich. Das erspart behördliche Aufsichten und Richter. Man kann sich sicher sein, dass man echtes Kryptogeld erhält und dass der andere die Transaktion nicht stoppt, bevor das Geld angekommen ist.

Die Währungen sind von der Politik entkoppelt. Gerade das wird viele überzeugen. Mit den Spekulationen und Finanzkrisen der letzten Jahre wenden sich viele von den alten Systemen ab. Diese haben sich als untauglich erwiesen, denn sie ließen diese Fehlentwicklungen überhaupt erst zu. Die Kryptowährungen unterliegen keiner behördlichen Aufsicht, sondern der Aufsicht aller Teilnehmer. Man ist nicht gezwungen, diese Währungen zu benutzen. Sollten sie irgendwie aus dem Ruder laufen, dann kann man sich einfach von ihnen verabschieden.

Natürlich ergeben sich die Nachteile aus genau den gleichen Prinzipien. Wenn man zum Beispiel eine Transaktion an jemanden geschickt hat, sich dabei aber geirrt hatte, kann man diese nicht zurückfordern. Man wird den Empfänger nicht einmal finden, denn man kennt nur dessen Wallet, aber nicht die Person. Die Transaktion ist nach den Regeln der Währungen unumkehrbar. Man kann also nicht einfach über die Bank das Geld zurücktransferieren. Hier wird der Ausspruch „jeder ist seine eigene Bank" eben Wirklichkeit, mit aller Verantwortung, die damit verbunden ist.

Wie echtes Geld, so kann auch das Kryptogeld gestohlen werden. Das kann zum Beispiel dadurch geschehen, dass jemand an den Schlüssel für die Wallet gelangt. Damit unterliegt das Geld dem gleichen Risiko wie das Bargeld in der eigenen Tasche.

Schlimmer noch, es besteht das Risiko eines Totalverlustes. Kryptowährungen sind Fantasiegebilde im Internet. So wie sie entstanden sind, können sie auch wieder verschwinden. Dann hat man nicht nur das Geld in einer Wallet verloren, man hat alle seine Coins in den Sand gesetzt.

Wertschwankungen existieren bei den Kryptowährungen ebenso wie bei den herkömmlichen Währungen. Bei den Kryptowährungen fallen sie jedoch oftmals massiver aus. Natürlich sind Kursschwankungen für Spekulanten ganz besonders interessant, für Langzeitanleger können sie jedoch erhebliche Auswirkungen zeigen. Das trifft bei Kryptowährungen umso mehr zu, weil dort nur die Anfrage und das Angebot den Preis bestimmt. Besonders gefährlich ist, dass ohne Wirtschaftskraft dahinter ein Kursverfall zu einer Flucht aus der Währung führen kann. Wenn aber jeder aus der Währung flüchtet, diese also verkauft, verfällt dieser Wert aber umso mehr. Da dann niemand diese Währung mehr kauft, ist sie sehr schnell wieder verschwunden.

Das Stehlen der Coins ist nur ein Problem eines Einzelnen. Hackerangriffe können jedoch das gesamte System durcheinanderbringen und die Währung so gehörig schädigen. Da ja alles im Internet stattfindet, ist die Möglichkeit für solch gefährliche Angriffe immer gegeben.

Ein weiteres Risiko besteht in der Geldwäsche. Da alles anonym abläuft, sind Kryptowährungen für Kriminelle geradezu ideal. Daraus ergeben sich dann sehr schnell Konsequenzen für das gesamte Währungsnetzwerk. So können sich Teilnehmer in massiven Zahlen aus dem Netzwerk zurückziehen. Das hätte einen Währungsverfall zur Folge mit anschließender Flucht der noch verbliebenden Teilnehmer gefolgt von einem noch massiveren Verfall der Währung.

Die Gesetzgeber in diversen Länder könnten sich auch gezwungen sehen, die neuen Währungen zu regulieren mit all den unabsehbaren Konsequenzen, die sich daraus ergeben. Das kann besonders dann zutreffen, wenn die Währungen zunehmend von Kriminellen missbraucht würden.

Ein großes Risiko ist gerade bei Neuwährungen, dass jeder eine solche Währung auflegen kann und es keine Aufsicht gibt. Man weiß also nie, ob man sich bei einer echten Währung beteiligt oder einem schwarzen Schaf aufgesessen ist.

Lohnt sich das Investieren heute noch?

Ja, 2011 hätte man einsteigen sollen. Hätte man damals nur 10 Euro in den Bitcoin investiert. Am 27. März 2011 stand der Bitcoin bei weniger als einem Euro, es waren gerade mal US$ 0,83. Heute, Anfang August 2017, steht der gleiche Bitcoin bei 2263Euro. Die 10 Euro damals hätten mehr als 28.000 Euro heute bedeutet. Spinnt man das Ganze weiter und hätte anstatt einmal 10 Euro gleich monatlich 10 Euro investiert, wäre man jetzt Multimillionär.

Das sieht alles ganz gut aus, doch es ist nicht 2011. Damals hatte man vom Bitcoin wahrscheinlich noch nichts gehört oder das Gebilde einfach nur belächelt. Es sah sogar nach 2014 ein wenig Mau für den Bitcoin aus. Dieser verlor von Mitte des Jahres bis zum Ende ungefähr 50 Prozent seines Wertes. Doch dann erholte er sich wieder. Ist es dann nicht Zeit für einen neuen Crash?

Um die Frage zu beantworten, ob es sich heute noch lohnt, muss man etwas differenzierter an die Sache herangehen. Wie schon beschrieben, gibt es mehrere Wege, in eine Kryptowährung zu investieren. Diese waren Mining, Handel, Anlage, Vermögensabsicherung und Funding. Alle Wege kann man in drei Bereiche unterteilen, dem Mining, dem Handel und Funding. Handel, Anlage und Vermögensabsicherung werden dabei aufgrund ihrer Ähnlichkeit, nämlich dem Kauf und Verkauf der Ware, schlicht unter einem Begriff, dem Handel, zusammengefasst.

Mining

Lohnt sich das Mining heute noch? Die Antwort ist ein klares Jain! Man muss sich auf dem Markt umsehen. Dort hat man verschiedene Währungen in verschiedenen Stadien ihrer Entwicklung. Je weiter eine Währung dabei fortschreitet, desto aufwendiger wird das Mining. Nun sind die Währungen in ihrer Miningoperation unterschiedlich. Einige erlauben es auch dem langsamen Miner, also dem mit wenig Rechenleistung, langsam Blocks zu generieren. Andere erlauben nur dem schnellen Miner, sich einen Block zu schnappen.

Muss man nach dem Block jagen, wird man als Neueinsteiger wahrscheinlich keine Chance haben. Rechenzentren, die die nötige Erfahrung und Power haben, werden einem die Blocks regelmäßig vor der Nase wegschnappen. Man investiert also in eine Menge Hardware und Energie und der Ertrag ist eine sehr runde Zahl: null.

Systeme, die einem das langsame Generieren von Blocks in der Blockchain erlauben, sind jedoch nicht wirklich die Antwort. Schnelle Rechenzentren liefern die Blocks nicht nur schneller, sondern auch effizienter. Da der Preis des Minings auch in den Preis des Coins einfließt, wird der Preis der Währung entsprechen niedrig sein. Damit hat man mit seinem heimischen PC kaum eine Chance, einen Gewinn zu erwirtschaften.

Damit bleibt nur das Cloudmining. Hier teilen sich die Mitglieder die Arbeit für das Mining und dessen Ertrag je nach der beigetragenen Leistung. Auch hier wird man mit seinem heimischen PC nur eher wenig erhalten, weil auch kleine Rechenzentren in diesen Clouds vertreten sind und einem die Coins wegschnappen.

Ob sich ein Investment lohnt, entscheidet sich anhand von gewissen Kriterien. Dazu zählen die Höhe der investierten Summe, die Höhe der Einnahmen, wie hoch das Risiko ist und die Zeit, die man braucht, um diese Einnahmen zu erwirtschaften. Um als Miner erfolgreich zu sein, muss man eine hohe Investitionssumme in die entsprechende Hardware und Energie stecken und kann nicht sicher sein, ob man damit gegen die Konkurrenz ankommt. Gleichzeitig wird es eine Weile dauern, bis man genug Coins geschaffen hat, um die Investition zu rechtfertigen. Alles hängt zudem von den eigenen Computerkenntnissen ab. Man muss schließlich verstehen, wie man die Prozesse und Prozessoren beziehungsweise Chips richtig miteinander verbindet, verschaltet und verdrahtet.

Handel

Währungsspekulationen, also der Umtausch der Währungen zu unterschiedlichen Wechselkursen um einen Profit zu erzielen, haben sich schon immer gelohnt und werden sich auch weiterhin lohnen. Selbst mit dem hohen Kurs des Bitcoins sind noch immer eine Menge Schwankungen verbunden. Das macht besonders das schnelle Kaufen und Verkaufen lukrativ.

Als längerfristige Anlage sind Bitcoin und Co als ältere Währung noch immer lohnenswert, denn sie steigen weiterhin kontinuierlich an. Auch wenn es den rasanten Anstieg nicht immer gibt, lohnt sich auch ein moderater Anstieg über die Zeit. Wichtig ist dabei jedoch, nicht nur in eine Währung zu investieren. Da aber auch kleine

Investitionen von nur 10 Euro monatlich unverhältnismäßig hohen Profit erbringen können, ist bei einer Streuung immer noch ein Profit sehr wahrscheinlich. Selbst wenn eine Währung dabei ein Totalverlust wird, hat man nur ein kleines Investment verloren, während hohe Gewinne in den anderen, auch investierten und erfolgreichen Währungen die Verluste nicht nur ausgleichen, sondern immer noch für einen hohen Profit sorgen.

Wer lieber auf neue Währungen setzt, muss hier ganz besonders auf Streuung achten. Neue Währungen haben ein ganz besonderes Potential, sowohl zum Guten als auch zum Schlechten. Die Wertsteigerung im Falle eines Erfolges der neuen Währung ist aller Erfahrung nach enorm. Der Preis der neuen Währung ist dafür gering. In anderen Worten: Wer nur wenige Euros in viele Neuwährungen steckt, hat dabei bestimmt den einen oder anderen Gewinner. Dieser wird so viel Profit bringen, dass die Verluste in den Verliererwährungen ausgeglichen werden und dann immer noch ein großes Plus bleibt.

Funding

Das Funding ähnelt dem Kauf einer neuen Währung, nur setzt man noch etwas früher an. Man investiert nur wenig Geld. Das ist der Vorteil des Crowdfunding. Viele Investoren legen jeder für sich nur eine sehr kleine Summe an. Im Gegenzug gibt es die Coins der neuen Währung noch bevor sie gehandelt wird, also zu einem sehr günstigen Preis. Das bringt natürlich das Potential für extreme Wertsteigerungen. Auf der anderen Seite ist das Investment gering. Den möglichen Verlust kann man also verkraften. Wenn man dabei noch darauf achtet, seine Investition in mehrere Neuwährungen zu streuen, hat man sehr gute Chancen, auch einen echten Gewinner zu erwischen.

Da man jedoch in eine noch nichtexistierende Währung investiert, ist es gerade hier sehr, sehr wichtig, erst zu recherchieren. Man sollte alles über die zukünftige Währung herausfinden, was nur irgendwie in Erfahrung zu bringen ist. Es geht dabei nicht nur um die Sicherung des Investments als solches, sondern auch vor allem um die Vermeidung von Betrug. Schein-Coins werden immer mehr erscheinen, je mehr der Hype auch unerfahrene und unbedarfte Investoren von den Kryptowährungen überzeugt.

Wie kann ich investieren

Wie im vorigen Kapitel beschrieben, kann man die Investitionen in die Kryptowährungen in drei Bereiche unterteilen. Der erste Bereich ist das Mining, dann gibt es den Handel, welcher die Anlage und die Vermögensabsicherung miteinschließt, und schließlich das Crowdfunding.

Alle drei Bereiche haben eines gemeinsam. Irgendwo im Laufe des Investments ist man im Besitz von Coins der Kryptowährungen. Das geschieht beim Mining nach jedem erfolgreichen Berechnen eines Blocks, beim Handel nach dem Kauf und vor dem Verkauf und beim Funding entweder direkt während des Fundings oder kurz nach dem eigentlichen Start der Währung. Daher beginnt der erste Schritt immer mit dem Einrichten einer Wallet.

Eine Wallet, wie beschrieben, kann man dabei in verschiedenen Versionen erhalten. Die meisten Währungen bieten ihre eigenen Wallets als Download direkt auf ihren Seiten. Andere, insbesondere die Hardware-Wallets, kann man extra kaufen. Zum Beispiel bietet Amazon diverse Ausführungen spezieller Wallets, die einem Memory Stick gleich in den USB-Port eines Computers gesteckt werden können und dann die auf ihnen gespeicherten Coins verfügbar machen. Paper-Wallets kann man sich sogar selbst mit einem Drucker und der entsprechenden Software erstellen. Die Software wird wiederum kostenlos auf den Seiten der jeweiligen Währungen für einen Download angeboten. Ist die Wallet erstellt, kann man darangehen, Bitcoins zu erwerben beziehungsweise zu minen.

Mining

Für das Mining kann man erstmal klein loslegen oder voll einsteigen. Ersteres geht per Cloud und Letzteres mit einem eigenen Miner.

Der Anfang mit einer Cloud ist ein wenig einfacher, denn hier ist das Investment und das benötigte Know-how weit geringer. Anstatt mit einem eigenen Rechner, eigener Software und in eigener Regie zu minen, mietet man alles von einem anderen Unternehmen. Anbieter solcher Dienste lassen sich ganz leicht online finden.

Der Preis derartiger Angebote richtet sich nach der Dauer des Mietvertrages und der gemieteten Rechenpower. Dabei bedeuten mehr Leistung nicht nur einen höheren Preis, sondern auch eine höhere Erfolgsrate. Je nach Coin befindet man sich schließlich auf einer Art Jagd. Eine geringe Rechenleistung bedeutet dann nicht, dass man einfach länger braucht, sondern dass man unter Umständen überhaupt nicht an den Coin kommt. Aus diesem Umstand ergibt sich auch das Risiko im Cloudmining, nämlich dass man eine Rechenleistung für das Mining anmietet und immer noch leer ausgeht oder aber nicht der Miete entsprechend Coins fördert. Das Gute jedoch ist, dass man mit solchen angemieteten Minern gleich mehrere Arten von Coins schürfen kann.

Wer mit seinem eigenen Rechner loslegen will, wird jedoch von Anfang an eine sehr wichtige Entscheidung fällen müssen. Geht es um das Mining von Bitcoins oder um das Mining von anderen Währungen?

Bitcoin ist als Währung bereits soweit fortgeschritten, dass ein normaler Rechner die Operationen einfach nicht mehr leisten kann. Selbst ein Netzwerk aus klassischen Rechnern wird sehr schnell abgehängt. Zwar könnte man ein Netzwerk entsprechend groß aus normalen PCs aufbauen, doch damit wäre so einiges an Schwierigkeiten verbunden, die größte davon wäre der direkte und der indirekte Stromverbrauch.

Der direkte Stromverbrauch ergibt sich ganz einfach aus dem Energiehunger der Computer, ihrer Chips und ihrer Grafikkarten, die man alle für die Mining-Operation einsetzen kann. Der indirekte Energieverbrauch ergibt sich aus der Kühlung. Viele Computer, wahrscheinlich noch im gleichen Raum, als ein Netzwerk für das Mining, ergäbe eine Menge Wärme. Diese wiederum würde die Computer sehr stark belasten und entweder würden diese sich abschalten oder, noch schlimmer, Komponenten würden durchbrennen. Um dies zu verhindern, braucht man eben eine Kühlung, diese aber verschlingt gleich nochmal Strom. Insgesamt ergäbe sich so ein Energieverbrauch, der weit höher als der Wert der geminten Coins liegen würde.

Um diesem Problem zu begegnen, wurden ASIC-Chips entwickelt. Diese Chips sind speziell für das Minen des Bitcoins entwickelt worden. Dadurch läuft die Software wesentlich schneller bei gleichzeitig geringerem Stromverbrauch und weniger Wärmeabgabe. Man spart also noch einmal an der Energie, die man für die Kühlung braucht. Damit ergibt sich ein schnelleres und wirtschaftlicheres Mining.

Inzwischen werden sparsame, Single-Board-Computer mit ASIC-Chips angeboten. Diese kann man entweder allein oder als Rack, sprich als Computerregal, kaufen und sich damit an das Mining machen. Der Nachteil hier ist jedoch gleich dreifach vorhanden. Erstens muss man einen großen Aufwand betreiben, um das Mining überhaupt zu starten. Weiterhin braucht man einen hohen Wissenstand. Das ist gerade für Anfänger ein Problem. Drittens kann man mit dieser Technologie nur den Bitcoin schürfen. Andere Coins können mit den ASIC-Chips nichts anfangen.

Wer also nicht auf den Bitcoin aus ist, muss sich informieren. Normalerweise reichen Netzwerke von Computern, die besonders über sehr schnelle Grafikprozessoren verfügen, denn diese stellen die nötigen Berechnungen oftmals weit schneller an, als der CPU. Damit ergeben sich wiederum entsprechende Kosten. Billige Computer werden nämlich dem Home-Miner nicht weiterhelfen. Man braucht schnelle Prozessoren, besonders aber braucht man sehr gute Grafikkarten. Diese haben nicht nur selbst einen hohen Preis, sondern sind sehr energiehungrig und entwickeln eine sehr hohe Abwärme. Das bedeutet natürlich, dass man entsprechend kühlen muss, was wiederum einen gewissen Energieverbrauch bedingt.

Man muss also sehr genau rechnen, ob sich die Investition am Ende auch wirklich auszahlt. Dies gilt vor allem beim Bitcoin, denn hier lässt sich die Hardware nicht auf andere Bereiche oder andere

Währungen anwenden.

Handel

Wer Kryptowährungen handeln, sein Geld in sie anlegen oder sein Vermögen damit absichern will, muss sich in den Besitz von Bitcoin und Co bringen. Da es bei allen drei Vorgängen um das Kaufen und ultimative Verkaufen der Währung geht, behandeln wir sie hier in einem Kapitel.

Verschiedene Coins kann man auf verschiedenen Wegen kaufen und verkaufen. Der erste Weg wäre der direkte Handel. Dabei wandert der Coin direkt von einem Verkäufer zu einem Käufer. Das geht auf verschiedenen Handelsplätzen sehr schnell und einfach vor sich. Für den Bitcoin kann man dazu einfach auf Bitcoin.de gehen. Natürlich gibt es auch Marktplätze, die nicht nur den Bitcoin, sondern auch andere Währungen anbieten. Hier wäre zum Beispiel Kraken. com der richtige Ort.

Auf diesen Handelsplätzen eröffnet man einfach einen Account und kann sofort mit dem Handeln beginnen. Der Verkäufer bietet dazu seine Coins zu seinem Preis an und das Geschäft kommt immer dann zu Stande, wenn ein Käufer das Angebot annimmt. Sobald das Geld überwiesen ist, werden die Coins transferiert.

Auf solchen Handels- oder Marktplätzen wandert der Coin direkt vom Verkäufer zum Käufer. Damit ergibt sich oftmals ein besserer Kurs als bei anderen Anbietern. Die Handelsplätze selbst verlangen für jeden Transfer eine kleine Gebühr. Daraus ergeben sich unterschiedliche Preise für den Kauf oder Verkauf der gleichen Menge Coins einer Währung.

Neben diesen einfachen Handelsplätzen gibt es inzwischen richtige Börsen für Kryptowährungen. Der Unterschied ist, dass man den Handel nicht manuell vornehmen muss. Bei den Handelsplätzen muss man sich durch die Angebote klicken und entsprechende Angebote direkt kaufen. Auf Börsen kann man angeben, welche Coins, wie viele davon und zu welchem Preis gekauft werden sollen. Die Börse selbst übernimmt dann das Finden der entsprechenden Angebote und den Kauf beziehungsweise Verkauf. Dafür ist aber die Gebühr auch ein wenig höher.

Ein anderer Weg sind Wechselstuben, wie zum Beispiel Coinimal.com. Hierbei erwirbt man die Coins nicht von irgendeinem Anbieter, sondern von dem Betreiber der Wechselstuben. Die Wechselstube selbst kauft und verkauft die Coins auf Handelsplätzen oder Börsen. Für denjenigen jedoch, der einfach nur mal Coins erwerben oder loswerden möchte, sind solche Wechselstuben jedoch der einfachste Weg. Denn hier kann man nach seinem Empfinden und Wünschen genau die Menge an Geld oder Coins umsetzen. Gleichzeitig entfällt bei Wechselstuben die ansonsten nötige Verifizierung eines Accounts. Auf der anderen Seite sind Wechselstuben in ihrem Angebot ein wenig höher als Börsen oder Handelsplätze.

Was ein wenig überraschen mag, sind Offline-Käufe. Ja, man kann Online-Geld inzwischen auch offline erwerben. Dazu gibt es Webseiten, wie zum Beispiel Bitcoin-Treff.de, wo sich Leute finden können, die ihre Krypto-Coins verkaufen oder welche kaufen wollen. Dort kann man dann Treffen vereinbaren und die Coins gegen Bargeld transferieren. Man muss sich jedoch sehr klar darüber sein, dass diese Treffen anonym und sehr unreguliert ablaufen.

Diese Idee des Sich-Treffens hat auch inzwischen die Form von richtigen Massenpartys angenommen. Dabei sorgen Veranstalter dafür, dass die Fans von Kryptowährungen zusammenkommen können und sich über die neuesten Entwicklungen auf diesem Markt informieren können. Natürlich können bei einer solchen Gelegenheit auch Coins gegen Bargeld die Besitzer wechseln.

Eine weitere, neue Entwicklung sind Bitcoin-Automaten. In diesen Automaten kann man direkt Bitcoins erwerben. Dazu gibt man dem Automaten sein Bargeld und scannt seine Wallet ein. Das Bargeld wird behalten und der Wallet werden die Bitcoins gutgeschrieben. Der genaue Ablauf kann zwar je nach Anbieter variieren, doch das Grundprinzip ist immer das Gleiche.

Funding

Funding von Kryptowährungen läuft auf zwei Wegen ab. Erstens gibt es regelrechte Crowdfunding-Plattformen. Dort kann man sich verschiedene Projekte ansehen. Nicht alle Projekte haben etwas mit Kryptowährungen zu tun, daher muss man sich die Beschreibungen etwas genauer ansehen.

Ein anderer Weg ist das Finden der Seite der Währung, die für ihr Funding wirbt. Dabei kann man entweder direkt mit einer Suchmaschinenanfrage loslegen oder sich in diversen Foren umsehen. Letztere hat den Vorteil, dass das vermeintliche Projekt sehr wahrscheinlich gleich unter die Lupe genommen und breit diskutiert wird.

Hat man ein paar interessante Projekte gefunden, dann sollte man keineswegs sofort einsteigen. Stattdessen gilt es nun, eine kleine Hintergrundrecherche durchzuführen. Es geht darum, das Team, deren Idee und die Reaktion anderer dazu in Erfahrung zu bringen. Hat man jedoch genug erfahren und ist immer noch überzeugt, dann kann man in das Projekt einsteigen.

Hat man das Projekt selbst direkt gefunden, dann muss man innerhalb des Projektes schauen, wie man sich daran beteiligt, sprich, wie man Geld schickt und wie man die Coins bekommt. Hat man jedoch das Projekt auf einer Crowdfunding-Plattform gefunden, dann braucht man nur ein Konto dort zu eröffnen und kann dann von seinem Bankkonto oder mit einem Bezahldienst das Geld einzahlen und dem Projekt zur Verfügung stellen.

Wichtig beim Crowdfunding ist nicht nur das Verständnis für das Projekt, sondern auch das Verständnis für das System Crowdfunding. Es geht nicht darum, viel Geld in ein Projekt zu stecken. Vielmehr sollte man nur wenig Geld für ein Projekt zur Verfügung stellen, das aber bei vielen Projekten wiederholen. Crowdfunding lebt davon, dass viele Menschen einen kleinen Betrag pro Projekt zahlen. Damit ist gewährleistet, dass man nicht von einem Ausfall zu stark betroffen ist.

Wie sollte ich dabei vorgehen

Bei einer Investition sollte man sich über zwei Dinge von Anfang an im Klaren sein: erstens muss man seine Coins selbst aufbewahren. Man ist seine eigene Bank und es gibt niemand sonst, der einem helfen kann. Man ist also 100 Prozent für sich und seine Coins verantwortlich. Zweitens ist eine Investition in Bitcoin und Co noch immer eine Investition. Als solche kann sie gut ausgehen und viel einbringen oder sie kann völlig fehlschlagen und dann ist das gesamte Geld weg.

Seine Coins bewahrt man in Wallets auf. Dabei muss man die richtige Wallet für sich selbst finden. Die Wallets unterscheiden sich dabei in Sicherheit, Verfügbarkeit und Anonymität. Da man selbst für sich und seine Coins zuständig ist, muss man selbst auswählen.

Online-Wallets sorgen für eine hohe Verfügbarkeit. Man speichert jedoch seine Wallet bei einem Online-Anbieter. Dieser wiederum sorgt für die Sicherheit der Online-Wallet, nicht man selbst. Man ist also dem Anbieter ein Stück weit ausgeliefert. Natürlich eignen sich Anbieter von Internetdiensten, worunter auch die Wallet-Anbieter fallen, sehr für Hackerangriffe. Auf der anderen Seite kann man die Wallet einfach speichern und dann von seinem Computer, seinem Smartphone oder jedem anderen Internetzugang aus erreichen.

Mehr Sicherheit versprechen Desktop-Wallets. Hier bieten unterschiedliche Systeme leichteren Zugang oder eine eher sichere Aufbewahrung. Desktop-Wallets können jedoch noch immer das Opfer von Hackerangriffen sein, wenn der Rechner online ist. Gleichzeitig sind diese Wallets kaum unterwegs verfügbar.

Für das Mobiltelefon eignet sich eine Mobile-Wallet. Da diese jedoch kleiner sein müssen, um auf das Mobilgerät zu passen und auch den Geldbeutel durch das Herunterladen nicht zu sehr zu belasten, arbeiten diese nur nach einer einfachen Transfermethode. Damit zahlt man für die Mobilität mit einer geringeren Sicherheit.

Hardware-Wallets haben den Nachteil, dass man sie extra kaufen muss. Dabei aber bringen sie einen hohen Grad an Sicherheit, denn man kann sie immer dann von jedem Anschluss trennen, wenn man die Coins nicht braucht.

Papier-Wallets sind das Nonplusultra der Sicherheit, aber sie sind ein Krampf bei der Aufbewahrung. Sie sind nicht an das Netz angeschlossen. Damit ist es Hackern oder irgendwelchen anderen Cyberkriminellen nicht möglich, einfach so an die Coins zu kommen. Gleichzeitig jedoch sollte man sehr vorsichtig mit ihr umgehen.

Gefahren, die auf Papier-Wallets lauern, sind sehr vielfältig. Als Erstes wäre da das klassische Verlieren. Man sollte eine Papier-Wallet nicht unbedingt immer mit sich herumtragen. Wenn man sie nicht braucht, dann ist sie an einem sicheren Platz weit besser aufgehoben als in der eigenen Hosentasche.

Weiterhin muss man eine Papier-Wallet vor Verschmutzung und Feuchtigkeit schützen. Dazu steckt man die Wallet am besten in eine versiegelte Plastiktüte. Laminieren eignet sich hier auch hervorragend. Noch besser ist ein Safe, ein Bankschließfach oder ein Notar.

Man sollte nicht vergessen, das die Coins einen erheblichen Wert darstellen.

Bei der Erstellung der Papier-Wallet sollte man darauf achten, dass man keine Spyware auf seinen Computer hat. Dazu setzt man am besten das Betriebssystem neu auf. Den Code für die Papier-Wallet erstellt man mit einem online verfügbaren Programm. Dieses sollte man starten und dann offline gehen und den Code erst dann erstellen, wenn man vom Internet getrennt ist. Das Ausdrucken erfolgt am besten auf einem Rechner, der nicht mit anderen Rechnern oder dem Internet verbunden ist.

Eine Investition in Kryptowährungen kann auch schon einmal schiefgehen. Daher gelten auch die allgemeinen Regeln für Investitionen.

Als Erstes sollte man nur so viel investieren, wie man auch tatsächlich entbehren kann. Es nützt nichts, anstatt die Miete zu bezahlen das Geld in den Bitcoin zu stecken, nur um dann einem plötzlichen Kursverfall zuzusehen. Daher deckt man zuerst seine finanziellen Bedürfnisse und nur das, was dann noch übrig ist, kann auch investiert werden.

Gerade für Anfänger gilt, dass man den Markt erst kennenlernen muss. Anstatt also mit dem großen Geld einzusteigen und groß zu verlieren, tastet man sich erst langsam an die Materie heran. Dazu kauft man nur ein wenig von verschiedenen Währungen und kann dann von dort aus mit dem Investieren weitergehen.

Jede Kryptowährung, in die man einsteigen möchte, sollte erstmal gründlich recherchiert werden. Der Markt ist nicht reguliert und jeder ist für sich selbst verantwortlich. Banken checken und checken, bevor sie investieren. Man selbst ist seine eigene Bank, daher muss man checken und checken, bevor man sein Geld in ein Projekt oder einen Coin investiert.

Diversifikation ist das schon oft angesprochene Zauberwort. Es ist besser, ein wenig pro Währung, aber dafür in viele Währungen, zu investieren, als viel Geld in wenige Währungen zu stecken. Wenn alles gut geht, dann kriegt man auch mit vielen Währungen viel. Wenn etwas schiefgeht, können die erfolgreichen Währungen die Verluste der weniger erfolgreichen Währungen ausgleichen.

Gerade Investitionen in viele neue Währungen lohnen sich wegen des riesigen Wachstumspotentials. Der Bitcoin zum Beispiel brachte einem Studenten mehr als fünf Millionen Euro, bei einer Investition von nur 27 Euro. Wer also in viele kleine Währungen immer nur ein wenig Geld steckt, der wird schon den richtigen Fahrstuhl nach oben erwischen.

Das Cloud-Mining und noch mehr, das eigene Mining, sollte man wirklich nur dann betreiben, wenn man sich mit der IT-Seite und den Währungen auskennt. Die Cloud-Miner machen Geld, auch wenn man selbst keinen Coin abbekommt, denn man hat ja schon die Miete bezahlt. Um aber zu sehen, welche Rechenkraft als Minimum nötig ist und was man dafür bekommt, muss man schon einiges an Wissen und Erfahrung haben. Nur dann kann man auch das richtige Angebot auswählen.

Will man in Kryptowährungen als Anlage oder Handel investieren, dann muss man es richtig machen. Die Schwankungen sind je nach Währung erheblich. Sie können oft schon zehn Prozent pro Tag, manchmal sogar 20 Prozent pro Tag ausmachen. Wer also eine längerfristige Anlage sucht, sollte sich nicht so sehr um den täglichen Kurs als die langfristige Steigung interessieren und dann die Coins einfach lange in seiner Wallet ruhen lassen. Wer jedoch gerade mit den täglichen Schwankungen spekulieren will, muss sehr aktiv sein. Nur so kann man die Schwankungen schnell genug sehen und damit etwas erreichen.

Welche Gefahren warten auf mich

Kryptowährungen sind online, Ihr Transfer ist online und das Internet ist voll von Betrügern und Hackern. Auch darüber muss man nachdenken, bevor man sich an Bitcoin und Co macht.

Man ist mit seiner Wallet seine eigene Bank. Wird eine Bank ausgeraubt, dann verliert die Bank zwar das Geld, die Kontoinhaber jedoch nicht. Diese haben nach wie vor ihre Guthaben mit den Summen, die sie mit der Zeit dort angesammelt haben. Hat jedoch jemand eine Wallet ausgeraubt, dann ist das Geld ganz einfach weg, denn man ist schließlich seine eigene Bank.

Interessanterweise kann man seine Coins auch zentral aufbewahren, zum Beispiel in den Börsen. Dort ist man jedoch leider nicht so sicher wie in einer Bank. Auch wenn es unwahrscheinlich klingt, doch Online-Börsen können schneller Pleite gehen, als man denkt. Zum Beispiel hatte die Alt-Coin-Börse Cryptsy sich auf diese Weise vom Markt verabschiedet. Wer nun Coins dabei auf diesen Börsen hat, nun, der hat sie nun nicht mehr.

Börsen und Handelsplätze können ihre Regeln ändern. So hatte zum Beispiel die Börse Vircurex Bitcoin-Zahlungen ausgesetzt. Wer also dort Bitcoins liegen hatte, musste sie dann in andere Coins umwandeln, wobei der Umtauschkurs nicht immer unbedingt vorteilhaft war.

Börsen können auch ausgeraubt werden, wie es zum Beispiel mit Mintpal geschah. Hier verloren viele Nutzer ihre Coins, als Hacker sich durch die Firewalls und andere Programme hindurchgearbeitet hatten. Kurz danach musste die Börse dichtmachen.

Leider treiben sich auch eine Menge Shitcoins wie Josh Garzas Paycoin im Internet herum. Man muss also tatsächlich sehr vorsichtig sein, bevor man einer Währung vertraut. Damit aber nicht genug. Das Beispiel von Neo & Bee zeigt, dass ganze Bitcoin-Banken ein einziger Betrug sein können.

Nun kann man sich von solchen Börsen jedoch schnell abwenden und auf eBay seine Coins verkaufen. Da gibt es aber ein sehr großes Problem. Ebay arbeitet mit PayPal. PayPal verspricht Sicherheit. Was aber oftmals vorkommt, nutzt nur den Unterschied von Coins und PayPal aus. Transaktionen in Coins können nicht rückgängig gemacht werden. Transaktionen in PayPal kann man jedoch widerrufen. Dadurch haben schon so einige Coin-Verkäufer auf eBay gute Coins gegen leere Zahlungen getauscht. Sie konnten danach die Coins nicht einmal zurückfordern.

Die Seite Badbitcoin.org listet eine sehr große Anzahl von Seiten aus, gegen die Ermittlungen wegen Betruges mit Bitcoin laufen. Die Anonymität der Coins und des Internets erlauben es vielen Seiten, einen Profit zu machen, bevor ihre miesen Machenschaften aufgedeckt werden. Schwieriger ist es dann noch, diese Seiten wieder aus dem Netz zu bekommen.

Es gibt eine Menge Seiten, die Versprechungen machen. Dabei muss man nur wenige Coins einzahlen, um dann eine Menge Coins zurückzuerhalten. Die Faustregel lautet: Wenn etwas zu gut klingt, dann muss es sich um einen Betrug handeln.

Dank der Anonymität kommen auch die berüchtigten Pyramidensysteme wieder auf. Dabei werden Einlagen von Coins mit hohen Zinsraten belohnt. Diese Zinsen werden aber nicht erarbeitet, sondern mit immer neuen Anlagen finanziert. Irgendwann jedoch sind die Zinsforderungen zu hoch und das System bricht zusammen. Die Bank oder wie immer sich das Institut schimpft, meldet Insolvenz an, doch die Hintermänner sind schon längst mit einem Prozentsatz der Coins verschwunden.

Mining-Hardware ist ebenfalls ein beliebter Gegenstand von Betrug. Die Miner bieten vermeintliche Chips als Vorbestellung an. Das Geld, das sie damit erwirtschaften, stecken sie dann in die wirkliche Entwicklung des Chips. Ist diese Entwicklung dann erfolgreich abgeschlossen, minen die Anbieter jedoch mit der Hardware selbst, anstatt sie auszuliefern.

Ein kleines Problem von seiner Wahrscheinlichkeit her, aber groß von den Auswirkungen, ist eine 51-Prozent-Attacke. Dabei würde es einem Rechenzentrum, einer Cloud oder einem Miningverbund gelingen, so viel Rechenleistung in das System einzubringen, dass sie 51 Prozent der Kapazität darstellen. Dann könnte dieses Zentrum die Blockchain kontrollieren. Dieses Rechenzentrum könnte nach Belieben Transfers vornehmen und blockieren. Das wäre jedoch kein Freifahrtschein, denn jeder innerhalb des Netzwerkes könnte sehen, was vor sich geht und hätte eine Chance, zu reagieren. Einige würden das Netzwerk verlassen und andere würden ihrerseits dazu ansetzen, die 51 Prozent Herrschaft zu brechen. Diese Herrschaft zu erlangen, würde einen immensen Aufwand in Hardware und Energie bedingen. Diese Herrschaft aufrecht zu erhalten, würde mit jedem neuen Coin immer teurer werden. Damit würde sie nicht lange bestehen. Dennoch ist es eine reelle Gefahr, denn es würde einen raschen Kursverfall bedeuten, weil viele aus der Währung fliehen würden. Dazu käme das Chaos innerhalb des Netzwerkes.

Ein weiteres Problem, das so auch auf dem Aktienmarkt existiert, ist das Pumping. Hier könnte der Preis einer Währung künstlich nach oben getrieben werden. Das würde viele Investoren anlocken. Da aber der Anstieg nicht real ist, wäre auch ein jäher Abfall praktisch vorprogrammiert.

Was lernt man daraus? Nun, Kryptowährungen sind eine große Chance, doch wo großes Geld winkt, dort winkt auch großer Betrug. Daher sollte man immer darauf achten, was man tut, bevor man es tut.

Auf geht's

Viele Menschen lehnen Kryptowährungen ab. Dabei sind ihre Gründe oftmals ziemlich gleich. Zum einen sind die Kryptowährungen etwas Neues. Sie haben sich noch nicht bewährt. Sie sind noch nicht einmal stabil wie ihre schwankenden Kurse beweisen.

Gleichzeitig sind Kryptowährungen an sich wertlos. Sie sind nichts, denn sie haben noch nicht einmal Papier, auf dem sie gedruckt sind. Sie sind nur eine Idee, ein Konzept. Sie sind ein Fantasiegebilde, welches nur im Internet existiert.

Kryptowährungen sind auch noch das Ziel vieler Betrügereien. Dabei erleichtert das Wesen dieser Währungen den Betrug. Sie sind nicht reguliert, beaufsichtigt und geschützt. Die Leute müssen sich selbst um alles kümmern. Im Gegensatz zu den klassischen Bänkern sind diese Privat- oder Selbst-Bänker jedoch keine Fachleute. Sie gehen damit Betrügern sehr viel leichter auf den Leim.

Erinnern wir uns aber für einen Moment. Das Geld war auch einmal sehr neu. Das Papiergeld ist das Wertloseste überhaupt. Das erste Geld und auch noch das Papiergeld von heute sind immer wieder das Ziel von Betrug. Schaffen wir deswegen das Geld ab? Konnte sich das Geld aus diesen Gründen erst gar nicht durchsetzen? Nein! Das Geld war eine Notwendigkeit und hat aus diesem Grund immer über seine Zweifler triumphiert.

Das bedeutet jetzt nicht, dass das Kryptogeld unbedingt erfolgreich sein wird. Doch wie das alte Geld zuvor, so hat auch das

Kryptogeld eine Chance. Unsere Welt von heute ist anders als die Welt von früher. Es mag eine Notwendigkeit für die neuen Währungen existieren. Ist das der Fall, dann werden sie überleben. Ist das nicht der Fall, dann werden sie verschwinden. Die Geschichte wird es zeigen.

Bis dahin jedoch sind die Währungen eine mögliche Investition. Sie sind aber nicht irgendeine Investition. Mit ihren Steigerungsraten sind sie als Investition das A++. Man muss nur seinen gesunden Menschenverstand einsetzen, damit man sich gegen die Risiken absichert und den Betrügern nicht auf den Leim geht.

Dabei sollte man eine Wallet haben, die nach dem Prinzip der Sicherheit vorgeht. Man braucht so viel Sicherheit wie möglich. Wer nur hin und wieder ein paar Euro in die Coins steckt, kann sich die sichersten Wallets zulegen. Wer immer und ständig auf Währungsschwankungen reagieren muss, braucht die Wallet, die am leichtesten verfügbar ist, und muss bei der Sicherheit Einbußen hinnehmen.

Wer ein echter Computerfreak ist, kann sich am Mining versuchen. Alle anderen sollten es beim Handel belassen. Wer sich als echter Investor betrachtet, dem sei auch das Crowdfunding gegönnt.

Man kenne seine eigenen Bedürfnisse, Fähigkeiten und Grenzen. Das ist die erste Voraussetzung für ein erfolgreiches Investment. Dann kenne man die Materie, wie hier besprochen, die Kryptowährung. Dann braucht man noch Geld, Geduld und Zeit. Hat man all dies, dann steht einem erfolgreichen Investment nichts mehr im Wege. Hat man jedoch nicht die Zeit, sich ordentlich zu informieren, dann sollte man von einem Investment Abstand nehmen. Gleiches gilt, wenn man nicht genug Geld oder Geduld hat.

19440083R00045

Printed in Poland
by Amazon Fulfillment
Poland Sp. z o.o., Wrocław